沟通心理学

为何你说话别人总不爱听

卢光光　编著

企业管理出版社
ENTERPRISE MANAGEMENT PUBLISHING HOUSE

图书在版编目（CIP）数据

沟通心理学：为何你说话别人总不爱听 / 卢光光编著.
—北京：企业管理出版社, 2019.1

ISBN 978-7-5164-1467-5

Ⅰ.①沟… Ⅱ.①卢… Ⅲ.①人际关系学－社会心理学－通俗读物 Ⅳ.①C912.11-49

中国版本图书馆CIP数据核字（2018）第264230号

书　　名	沟通心理学：为何你说话别人总不爱听
作　　者	卢光光
责任编辑	蒋舒娟
书　　号	ISBN 978-7-5164-1467-5
出版发行	企业管理出版社
地　　址	北京市海淀区紫竹院南路17号　　邮编：100048
网　　址	http://www.emph.cn
电　　话	编辑部（010）68701661　发行部（010）68701816
电子信箱	26814134@qq.com
印　　刷	三河市荣展印务有限公司
经　　销	新华书店
规　　格	170毫米 ×240毫米　　16开本　12印张　235千字
版　　次	2019年1月第1版　2019年10月第2次印刷
定　　价	48.00元

版权所有　翻印必究　·　印装有误　负责调换

前言 FOREWORD

假如人际沟通能力是一种商品，我宁愿付出阳光下最高的价格购买人际沟通能力。

——石油大王：洛克菲勒

看到这句话你也许会很惊讶：我们每个人都会说话，人际沟通能力真的有那么重要吗？实际上，虽然每个人都会说话，但并非都能把话说对，说到位。

我们都羡慕这样的人：面对众多听众滔滔不绝地演说，或坐在谈判桌前力挽狂澜，或在客户面前妙语连珠、胜券在握……看看现实中的自己，一副笨嘴笨舌的样子，有过讲错话的尴尬，也有说话没有气场的困惑，还有磨破嘴皮子也说服不了别人的烦恼……总之，只要一遇到用说话解决问题的时候，只能望洋兴叹：为什么自己的嘴巴这么不争气？为什么表达同样的意思，别人不仅张口就来，而且说得十分动听，而自己就是张口结舌、语无伦次，甚至出口伤人呢？

一句话可以让人笑，也可以让人跳；一句话可以化敌为友，冰释前嫌；一句话也可以化友为敌，引来一场争论，导致关系破裂。因此，光会说还远远不够，必须说对。话说对了，事就成了，80%的事情都耽误在不会表达上。

嘴巴连着心，要想说对话，把话说到别人的心坎上，我们就要懂些沟通心理学。沟通心理学是社交活动、行为处事的基础，运用心理学可以了解他人心理。沟通心理学与说话相结合可以指导口才，与社交相结合可以指导行为，掌握了它，我们才能在生活或工作中从容前行，左右逢源。

会说话的人受欢迎，懂心理的人更出众。这就要求我们做懂心理的说话达人，会交流的心理专家，无论和谁都能谈得来，一开口就能惊艳全场，人见人爱，花见花开。

一句话能让你事倍功半，一句话也能让你事半功倍，想要什么样的结果取决于说话方式。因此，说话之前要三思，考虑清楚讲话的时机、对象是否合适，自己的语言是否能勾住人心。所谓语表人意，言为心声，很多时候，沟通的问题往往不是因为我们说错了，而是因为我们想错了。

掌握沟通的心理策略，适当的时机说最合适的话，人格魅力才会彻底爆发。哪怕做出微妙的语言转变，生活的改变也将会是巨大的。

本书共十二章，通过大量生动、有趣的案例，分别从说话读心、见微知心、赞美温心、委婉润心、解围宽心、安慰暖心、情理服心、辩论驳心、销售诱心、职场营心、演讲动心、谈判攻心等方面阐述了生活中各种说话场合的语言技巧和心理策略，帮助读者学会精准分析对方的心理，找到谈话的突破口，从而找准契机，将话说到别人的心坎上，最后达到自己的沟通目的。

有效沟通在很大程度上决定了一个人受欢迎的程度。期待本书可以帮助您完成沟通上质的转变，化"难以启齿"为"脱口而出"，变"言过其实"为"金玉良言"，愿您早日成为沟通高手。

编 者
2018 年 10 月

目录 CONTENTS

第一章

说话读心：做高段位的沟通者，和谁都能聊得来

一、记住别人的名字，从陌生人跨越到朋友 /2

二、引起心理共鸣，陌生人也可以无话不谈 /3

三、刺激好奇心，让对方逐步地靠近自己 /5

四、酒可以倒满，话一说满就会漏洞百出 /7

五、三思而后言，莫要一说话就变"唐僧" /8

六、一言不合就争"风"吃"促"，从一开始就是输 /10

七、未雨绸缪早做安排，话题准备充分不吃亏 /12

八、把握玩笑话的火候，别吃"过度"的亏 /14

九、学会克制情绪，莫因发怒破了相 /15

十、提问适可而止，追根究底只能惹人烦 /17

第二章

见微知心：读懂对方一举一动，看透隐藏的千言万语

一、眼睛是心灵的窗户，读心从捕捉目光开始 /21

二、看清对方的嘴部线条，看透他/她的口是心非 /22

三、眉毛会说话，闭口不言也能出卖他/她的心 /24

四、对方抓耳挠腮，不要以为这是因为身体痒 / 25
五、亲近不亲近，看一下距离就知道 / 27
六、看懂对方的"脚语"，识破每一步的秘密 / 30
七、语速识别法，快慢之间看透对方的小心思 / 32
八、听清口头禅，最常见的话显个性 / 33

第三章

赞美温心：好话好说，真心的赞美让人如沐春风

一、赞美其实很容易，说对方想听的 / 37
二、背后赞美，赞美更具真实感 / 38
三、适时赞美，别让赞美过了保质期 / 40
四、赞美不要露痕迹，隐形赞美最受用 / 42
五、赞美不重样，有创意才能让人耳目一新 / 43
六、赞美≠献媚，夸人要让人舒服 / 45
七、放低自己，是对人的一种高级赞美 / 47

第四章

委婉润心：顾及对方颜面，批评和拒绝不失人心

一、贬低自己，降低对方请求的期待值 / 50
二、拒绝不要直言不讳，巧用暗示让对方知难而退 / 51
三、拒绝也要全颜面，搭好台阶给人下 / 53
四、先发制人，让对方无法开口请求 / 54
五、含蓄委婉保颜面，批评也可以很温柔 / 56
六、批评和赞美更配，欲抑先扬的说服力更强 / 58
七、批评别人前先批评自己，用检讨自己换来对方改进 / 59

八、幽默语言让批评软着陆，将批评融入笑语中 / 60
九、批评勿公开，损害对方颜面不是什么好事 / 62
十、责骂不如激励，"糖"总比"鞭打"更受欢迎 / 64

第五章

解围宽心：临危不乱，用一颗从容的心妙语应对

一、对方别有用心，以其人之言还治其人之身 / 68
二、遇到尴尬别慌张，幽默语言解窘境 / 69
三、婉转掩饰对方缺点，给足对方面子 / 71
四、随机应变，化解因为名字引发的尴尬 / 72
五、解围他人尴尬，动嘴之劳轻松赚人心 / 74
六、面对陷阱式提问，反向质疑绕开陷阱 / 76
七、遭遇尴尬拿自己"开涮"，自嘲营造愉悦氛围 / 77

第六章

安慰暖心：言辞温柔而得体，不要好心办坏事

一、对方遭遇挫折，最令人安慰的是"我比你还惨" / 81
二、不要火上浇油，否则安慰就成了讽刺 / 82
三、安慰时加点儿希望，良言几句暖人心 / 84
四、说话炫耀，马后炮式的安慰无济于事 / 85
五、帮对方转换思路，从"失败"中找到"成功" / 87
六、了解朋友内心活动，给其最贴心的抚慰 / 88

第七章

情理服心：入情入理，让对方无法说"不"

一、醉翁之意不在酒，掌握说服的春秋笔法 /91

二、感同身受，站在对方立场进行说服更有效 /92

三、拆穿对方的无理说服，坚定自己的立场 /94

四、激将法出招，瓦解对方的固执情绪 /97

五、利用权威心理，增强话语公信力 /99

六、巧用心理定式，说服也可以不知不觉 /100

七、制造落差，动摇对方坚定的内心 /102

八、小要求之后再提大要求，向对方得寸进尺 /103

九、请人帮忙要委婉，由寒暄过渡到主题更易成功 /105

第八章

辩论驳心：逻辑与语商在线，辩论交锋激起舌尖风暴

一、做足准备，预测大致脉络才能心里有底 /108

二、端正辩论态度，心平气和获得辩论胜利 /109

三、釜底抽薪，浇灭对方虚假论据的火焰 /111

四、一点突破，迫使对方迅速失去辩论优势 /112

五、识别"稻草人"谬误，不被对方牵着鼻子走 /114

六、巧妙反驳，让对方不得不接受你的观点 /115

七、举个反例，让"对的"立即变"错的" /117

八、巧用归谬，对方的荒谬观点不攻自破 /118

第九章

销售诱心：说客户中意的话，成交其实也很简单

一、躲开与客户交谈的"雷区"，避免祸从口出 /122

二、提供有价值的信息，用专业打动客户的心 /124

三、运用"二选一"法则，让客户按你的思路思考 /126

四、发掘客户需求，使其产生按捺不住的购买欲望 /127

五、抛出具体数字，赢得客户的信赖 /128

六、价格细分，打消客户对价格的异议 /130

七、随机应变，灵活应对客户的拒绝 /131

八、掌握电话销售技巧，不用见面，订单就成了一半 /134

第十章

职场营心：说出用心的聪明话，职场王者非你莫属

一、阐述自我价值，通过面试打开职场大门 /139

二、低调委婉，弯道进谏才能不触怒威严 /141

三、学会向领导说"不"，别让事情变得越来越糟 /143

四、捕捉弦外之音，领会领导的"话里有话" /145

五、了解下属的矛盾根源，处理公平公正 /147

六、指导下属正确发牢骚，唤回往昔工作热情 /149

七、静心处理与同事的矛盾，切不可点火就着 /151

八、"八卦"很伤人，背后嚼舌头终会痛到自己 /153

第十一章

演讲动心：妙语连珠，让你的"台风"掀起热潮

一、掌握TED演讲者鼓舞全场的秘密，用18分钟改变世界 / 156

二、说好开场白，架起沟通的桥梁 / 158

三、说话抑扬顿挫，生动语言牵动听众的心 / 160

四、眼睛会说话，用目光与听众亲切交流 / 162

五、懂得应变与控场，及时处理演讲中的意外状况 / 163

六、用关键词串联，脱稿演讲其实并没有那么难 / 165

七、做故事性陈述，完美应对临场演讲 / 167

八、别丢了演讲结尾，余音绕梁才能让人永久回味 / 168

第十二章

谈判攻心：攻守有道，天下没有谈不成的事

一、主动权不可或缺，步步为营才能占据更多主动 / 172

二、共赢才是王道，攫取一切只会"俱损" / 173

三、改变策略，别在僵局的路上走到黑 / 175

四、声东击西，用次要问题转移对手注意力 / 176

五、自我防卫，别让对方探到自己的底细 / 179

六、发出最后通牒，不要再让对方拖延时间 / 180

第一章

说话读心：做高段位的沟通者，和谁都能聊得来

> 会说话的人也是洞察人心的心理学家，他们能看透对方心理，说出对方喜欢听的话，进而与对方交心，从而无话不谈。高段位的沟通者就是这样，不管谁在身边，他们都和对方聊得来。

一、记住别人的名字，从陌生人跨越到朋友

　　从陌生人跨越到朋友，记住名字是第一步。记住别人的名字，是对别人的尊重和重视，也是文明的体现。与陌生人交谈时，最好记住对方的名字，再次相逢时说出其名字，无疑会迅速拉近彼此的心理距离。

　　事实证明，能够记住对方的名字，不仅是基本的处事礼仪，也是我们给对方留下良好印象的重要方法。假如对方与我们热情似火地聊天时，我们却叫不出对方的姓名，不仅自己尴尬，对方也会十分失望。即使我们可以含糊地敷衍过去，心里终究会感到不安。有时对方会因为我们记不起他的名字而误认为我们傲慢自大，目中无人，这对个人形象是十分不利的，而且也不利于后续的交流。因此，要想在交际场合赢得主动，赢得好感，熟记对方的名字很有必要。

案例01　汪涵的好人缘并非凭空得来，他习惯像背单词一样背通讯录

　　著名节目主持人汪涵的学历不高，起点也不高，在湖南经济电视台从剧务开始做起，这一职务说白了就是勤杂工。尽管如此，汪涵在人际交往方面下的功夫却很深。他用最快的速度记住了台里每个人的姓名和长相，只要一遇到，他就会主动打招呼，热情问候。

　　主持人仇晓把汪涵推荐到湖南卫视做《真情对对碰》的主持人，于是汪涵要记住的人就更多了。很多人对汪涵的手机印象深刻，他的通讯录就像一份履历表，不仅存有一个电话和一个名字，还会详细记录工作单位、家庭住址，并在备注栏里标注认识的时间、地点，对方的生日和车牌号。

　　汪涵就像背英语单词一样背诵自己的通讯录，只要曾经见过某个人，当此人再次出现在他的眼前时，他就能清晰地说出这人的姓名、籍贯、具体职务，假如是比较重要的人，对方的兴趣爱好也会记得很清楚。

　　汪涵有一个别称——"人脉王"，这个别称可谓实至名归，他的好友名单中有很多重量级的人物，如丹麦外交部长马丁·利泽、丹麦王位第一继承人弗雷德里克王子、捷克总统米洛什·泽曼、马云、陈道明、崔永元、陈丹青、梁文道等。

　　汪涵说，他能有如今的好人缘，完全是自己经营出来的。可以说，他在交际场合上的成功与他最初下苦功夫记住别人的名字是分不开的。

　　那么，该怎样记住对方的名字呢？

第一章
说话读心：做高段位的沟通者，和谁都能聊得来

1. 结合特征记忆对方名字

每个人身上都有特征，如身材高大、双目明亮、说话速度快、手势动作多等。我们把对方的特征记下来，同时与其姓名联系在一起，然后强化记忆，假以时日，自然会记得很熟。

如果我们开始没有听清楚对方的名字，或者不知道对方的名字如何写，应立即问"很抱歉，我没有听清楚您的名字。""请问您的名字如何拼写？"另外，与对方交谈时尽量重复其名字，并结合其外貌和言谈举止在心里进行轮廓式记忆。

当然，我们不能为了记住对方的名字和特征而忽视交谈，这是得不偿失的做法。在做这项工作时应该态度自然，不要露出失态之举，只需要保留在心里即可。

2. 保存姓名档案

和对方分开以后，我们要马上将其名字和特征记录下来，做一个备忘录，或者像汪涵一样存在手机通讯录里，并时常翻看不断强化记忆。

3. 学会应用

记住对方的名字后还要应用。当再次见面时，抓住时机说出对方的名字，对方会非常高兴。

卡耐基说："一个人的姓名是他自己最熟悉、最甜美、最妙不可言的声音，在交际中最明显、最简单、最重要、最能得到好感的方法，就是记住人家的名字。"现代社会中，人们希望被尊重、被承认的心态越来越强，只要记住对方的名字，我们就可以使对方有被尊重的感觉，同时自己也会赢得对方的好感。

> **沟通技巧**
>
> 记住对方的名字，是认识人的重要开端。做到这一步，对方被尊重、被重视以及被认可的心理得到满足，会对我们产生好感，从而拉近彼此的心理距离，为以后的进一步交流奠定基础。

二、引起心理共鸣，陌生人也可以无话不谈

陌生人一般会紧锁心灵的大门，没有人喜欢将自己的信息传递给跟自己毫无关系、没有信任感的人。如果我们握着足以打开对方心门的钥匙，与对方的交流就会毫无阻碍，而打开心门的钥匙就是对方的兴趣。

没有人会对自己不感兴趣的话题投入过多的热情，反之，谈论自己感兴趣的话题，情绪会变得高涨。因此，与对方谈话时，我们可以抓住对方的这种心理，找到对方感兴趣的话题，把话说到对方的心坎上。

投其所好是沟通的金钥匙。俗话说"话不投机半句多，言逢知己千句少"。要想打开交际的大门，就要学会对着对方的心窝说话，让美好、动听的语言流进对方的心田。

心理学家卡耐基说：如果我们想要交朋友并成为受人欢迎的说话高手，就要满怀热情面对他人。最好的接触对方内心思想的方法便是和对方谈论他最感兴趣的事情。我们不能自私地只想到让别人关注自己，让别人对我们感兴趣，否则自己永远无法获得真挚的友情。

不仅是交朋友，就连与陌生客户谈生意也可以按照这一方法打开话题，拉近与客户的心理距离。

案例02　促销员投客户所好，凭借一本《论语》签下保单

保险促销员林翔去拜访一位大客户，这位客户是某公司的经理王先生。见面之后，林翔先大体介绍了公司的险种，不过他发现王先生在听的过程中总是打呵欠。

看来对方不感兴趣，林翔只能准备告辞了。就在这时，林翔发现王先生背后的书橱里放着许多关于《论语》的书，并且办公桌上也有一本《论语》。他眼前一亮，发现了沟通的突破口。

林翔说："王先生，您对中国的古典文化特别感兴趣吧？尤其是《论语》，想必您有很多精妙的见解吧？"

十分困倦的王先生听到林翔谈《论语》，一下子就变得精神了，立刻回答道："对啊，我对《论语》非常感兴趣，我对于丹讲的《论语》大多数观点是赞同的，但个别观点我持保留意见。"

林翔顺势说道："其实我也看过《百家讲坛》的"于丹讲《论语》"，但我对《论语》读得不是很透彻，没有觉察出她哪里讲得不合适，如果有时间还希望您能不吝赐教。"

这时王先生的情绪变得高涨起来，很快就和林翔一起讨论《论语》，讨论的过程中两个人都有种相见恨晚的感觉。最后林翔顺利地签下保单，还和王先生成了无话不谈的好朋友。

一般情况下，当人们遇到自己感兴趣的话题时就会热情百倍；如果对话题没有丝毫兴趣，即使对方说得天花乱坠，也会呵欠连天。

沟通的目的就是使彼此建立关系，所以我们沟通时应以关系为重。当对方情绪低落时，我们就要暂停对方不感兴趣的话题。沟通的过程是一种翻译过程，我们倾听他人的说话内容，然后翻译成他人所想的；同样，他人倾听我们的说话内容，将其翻译成我们所想的。

因此，与别人谈话时要将心比心，说一些对方感兴趣的话题，吸引对方的注意力，引起对方的心理共鸣。这样，我们可以在很短的时间内缩短与对方的心理距离，消除心理上的隔阂，让交流变得更顺畅。

> **沟通技巧**
>
> 要想和陌生人谈话时交心，首先，要打开话题，活跃双方之间谈话的氛围。其次，注意观察对方的一举一动，提出对方感兴趣的话题，并与之热切交谈，从而拉近彼此的距离，为之后的深入沟通奠定情感基础。

三、刺激好奇心，让对方逐步地靠近自己

好奇心是人类行为的基本动机之一，也是人类发展的基本动力。正是因为人类的好奇心，很多发明创造得以出现，极大地推动了科技的进步。一般来说，人们对不熟悉、不了解、不知道或与众不同的事物会倾注更多的注意力，所以可以利用人人皆有的好奇心来引起对方的注意。

那么，怎样才能激发对方的好奇心呢？

1. 提供新奇的东西

人们总是对新奇的东西充满兴趣，而且不想被排除在外，总想先睹为快。比如，标题党在标题上往往用十分新颖的事物或某些惊奇的词语吸引用户点击浏览。

UC头条的"竟然部"：昔日TVB五花五生，如今竟然混成这样，没有最惨只有更惨！

UC头条的"震惊部"：震惊！男人看了会沉默，女人看了会流泪！

这些标题使用一些"耸人听闻"的词语烘托紧张的气氛，使人产生好奇心，从而获取点击量。这些标题党自然是应该加以整治的，但其中应用好奇心的原理是我们不能忽视的。

2. 提出问题刺激好奇心

人们总是对未知的事物比较感兴趣，所以我们可以提出问题激发对方的好奇心，例如"我能问您一个问题吗？"由于人们不仅仅对请教的问题感兴趣，而且有好为人师的天性，所以大多数人都会回答："好的，你说吧！"而且会迫切地想知道我们会问些什么。

3. 利用群体趋同效应

在与对方交谈时，如果向其说明其他人有着某种共同行为，对方必然也会加入进来，而且通常想知道更多的信息。下面这个小笑话就十分形象地说明了好奇心与群体趋同效应的影响。

某人在街上走着，突然流鼻血了。他听人说仰起头让鼻孔朝上就能止鼻血，于是便仰起头朝天上看。他觉得无聊，于是脑袋转来转去，看着高高的蓝天。过了一会儿，他觉得鼻子不再流血了，打算离开，这时发现大街上好多人都在望着天，似乎在寻找什么。他问旁边的人："你们朝天上看什么呢？"那个人回答道："我也不知道，我看他们都在朝天上看，或许天上有什么好玩的东西吧，但我没找到。"

营销时，销售人员可以这样对客户说："坦白地讲，我已经为您的许多同行解决了一个非常重要的问题。"这句话足以引起客户好奇心。当然，好奇的客户会主动参与进来，当他听到"解决了大多数公司都有的重要问题"时，肯定想知道是什么问题，以及是如何解决的，这就达到了激起客户好奇心的目的。

4. 只给对方提供部分信息

很多人都想满足对方的好奇心，但激发对方的好奇心远比满足其好奇心更重要。如果想彻底满足对方的好奇心，无疑需要向其提供全部信息，这样反而会大大降低对方进一步参与的欲望。试想一下，如果对方已经掌握了所有信息，还会对我们的谈话感兴趣吗？又有什么动力驱使他继续听我们讲话呢？

因此，要想激起对方的好奇心，就不能将信息全部透露给对方，这样才能使其产生了解更多信息的欲望。

> **沟通技巧**
>
> 由于好奇心是人的基本心理动机，对未知、新奇的事物会感到好奇，我们可以利用这一心理特点来吸引对方对我们的话产生兴趣，从而使双方的交流更深入、更融洽，营造良好的沟通氛围。

四、酒可以倒满，话一说满就会漏洞百出

水至满则溢，如果我们把话说得太满，就像在杯子里倒满了水，哪怕再滴一滴水都有可能让水溢出水杯。当然，有人会把话说得很满，而且也能做得到。不过凡事总有意外，而且人们不能精准预料未发生的事。之所以不要把话说得太满，就是为了容纳这个"意外"。杯子里留有空间，就不会使杯子添水而溢出来；人说话留有空间，便不会因为"意外"出现而打脸，让自己无法下台。

有句话说得非常好："说话要留有余地，办事要竭尽全力。"这句话的精辟之处在于，说出去的承诺就像泼出去的水无法收回，总是要兑现的，假如兑现不了，不仅自己难堪，而且对别人也不尊重。

郭冬临的小品《有事您说话》就塑造了一个因为好面子而把话说得太满的人物形象。郭子为了满足自己的虚荣心，向朋友们吹嘘自己能干，有本事，说自己关系广，门路宽，能办事，认识很多有权有势的人，什么事情他都能办成。因此，他见了谁都会说一句"有事您说话"，以此彰显自己确实能办事。不过，当一位朋友找他帮忙买火车票时，他没有这方面的关系，只好自己熬夜排队去买。其实能办多大事就说多大话，也不至于让自己哑巴吃黄连——有苦说不出。

现实生活中，我们必须调整自己的心态和思路，最好不要在朋友面前吹牛，有多大本事说多大话，给自己留有余地。当自己说出"绝不""一定""百分百""不可能"等词语时，要想到自己此时说的话可能会成为以后的地雷，炸到过度虚荣的自己。

案例03　与同事发生冲突时口出狂言，当发现同事成为上司时尴尬辞职

赵仑与同事韩学广因为一些事情发生了言语冲突，双方都很不愉快，对彼此很有意见。赵仑脾气直，直接对韩学广说："从今天起，我们断绝所有关系，从此再无瓜葛！"

尽管他们是同事，每天都会见面，但赵仑每天都刻意回避韩学广，不与他说话。两人一见面气氛就尴尬，但赵仑觉得没有什么。

不过，两个月以后，赵仑惊讶地发现韩学广居然成了他的顶头上司，而且他必须要和对方说话了。赵仑这才觉得自己当初说的话太绝，十分尴尬。有一次，他在向韩学广做汇报时，浑身不自在，总感觉韩学广在用讥讽的眼神看自己。

赵仑实在受不了这种感觉，只好辞职不干，另谋他职。

现实生活中的很多事情都不会以自己个人的意志为转移，况且很多事情充满变

数,要对一件事情的结果做出准确的判断也不容易,所以凡事应留有回旋的余地,这样才能避免出现"失德于己、失信于人"的尴尬局面。

因此,当我们面对他人的请求时,可以答应接受,但回答时不要信誓旦旦地说出"保证""一定没问题"等字眼,而要说"我试试看""我尽量";当上级交代我们去做某件事情时,不要说"保证做好",而要说"应该没问题,我全力以赴"。这样的回答既给自己留了后路,还能表现出自己审慎的态度,对方会因此更信赖我们,就算我们没办好,对方也不会怪罪我们。

> **沟通技巧**
>
> 凡事皆有意外,不要总认为自己认为的就一定符合自己的预期。不管是发表见解还是做出承诺,都不能过于绝对,要给自己留有余地,别把话说得太满,这样即使出现一些问题也会得到别人的体谅。

五、三思而后言,莫要一说话就变"唐僧"

文坛巨匠茅盾曾说过:"与其啰唆而长,毋宁精炼而短。"其实,能言会道不等于啰唆。如果话多得就像唐僧念紧箍咒一样,谁都忍受不了。

与人交往时,我们要给对方留一个发表观点和看法的机会,不要只是自己侃侃而谈,而置对方的感受于不顾,否则不仅不会得到对方的支持,还可能激起对方的反感情绪。

案例04 销售人员说话啰唆且词不达意,客户忍无可忍直接要见经理

王林轩是一名销售人员,在他看来做销售就要能说会道。他本人是个很能说的人,不管什么场合,和什么人说话,他都能侃侃而谈。只要有他在,绝不会出现冷场,因为他太爱说话了。

有一次,客户的一笔订单出了问题,需要王林轩去解决。当王林轩见到客户后,还未等客户把问题讲清楚,他就自顾自地说开了。

在接下来的十几分钟里,他一直不停地说,客户几次暗示他,让他把解决方案简明扼要地说出来就行了,而且旁边的同事也不停地提醒他跑题了,可他似乎处于侃侃而谈的兴奋之中,对此置若罔闻,依然在那儿唾沫横飞地大谈"责任心"之类的问题⋯⋯

第一章
说话读心：做高段位的沟通者，和谁都能聊得来

客户最后忍无可忍，直接打断他，说："如果你提不出什么建设性的意见，直接让你们经理来处理吧！"这话一出口，场面十分尴尬。

东西吃多了会撑到，话听多了也会反胃，每个人的耐心都是有限的。啰唆半天，丝毫没有说到对方的心里去，对方自然会心生厌恶，失去谈话的兴趣。一旦对方的情绪变坏了，即使我们说得再天花乱坠，恐怕也无济于事了。

一个话多的人不一定有魅力，因为人格上的魅力是由举止、谈吐和内涵等多方面因素共同决定的。一般来说，喋喋不休的人一般在思想上并没有深度，不会独立思考，他们的思想跟不上语话，导致语句重复，表达不充分。充满智慧、善于思考的人往往言简意赅、惜字如金，却能让对方很好地领悟自己的意思。

对于那些言简意赅的人来说，他们往往懂得用适当的留白来表达自己的观点，缄默、停顿、间隔、欲言又止等沉默的方式能收到"以少胜多、以无胜有"的效果。

案例 05　下属发表观点引起经理重视，第二次会议却一句话也没说

公司召开了一个以"培育人才"为主题的管理人员会议。在会上，陈业东发表了自己的观点："我认为咱们公司的整个培训体系形同虚设，丝毫没有发挥人才培训的作用，尽管新入职的员工都经过上岗培训，但几乎没有产生什么效果。因此，我建议成立一个专供职员进修的培训机构，大家觉得怎么样？"

总经理听后，立即反对："我们公司已经开展了职员培训，没有必要成立新培训机构。"

陈业东说："但员工根本没有从现在的培训中受益，他们因为没有掌握好技术而经常犯错，时间一长，对自己越来越没有信心，所以我觉得有必要成立一个专门的进修培训机构，帮助他们完善技术。"

在一周之后的会议上，总经理对大家说："这个星期我进行了深入调查，结果发现职员培训竟然没有发挥任何作用，所以我要先向陈业东道歉，接下来看看大家有没有好的解决方案。"

大家纷纷提出自己的意见，但陈业东一直沉默地坐着，没有说一句话。会议结束后，总经理问他为何不发言。

陈业东回答道："上次会上我已经把该说的都说完了，目的就是引起您对这个问题的重视。现在目的已经达到了，我又何必再说一次呢？还是多给同事们表达的

机会吧！"

　　因此，有时沉默并不一定是消极的态度，适度的沉默实际上是在给别人提供思考和说话的机会，能让交谈更加顺畅。

　　事实上，沉默是一种无声的语言。耐心听一个人讲话，其实就是在尊重他、赞美他，这对倾听者有百利而无一害。所以，与人交往时千万别唱独角戏，否则没有人愿意与我们进行交谈。

> **沟通技巧**
>
> 　　如果我们说话像唐僧，啰唆半天也说不到重点，哪怕对方的忍耐力再强也会受不了。沟通是为了交流信息，而不是为了听废话。因此，我们一定要学会简洁明了地表达自己的观点，并给对方表达的机会，毕竟沟通是双向的。

六、一言不合就争"风"吃"促"，从一开始就是输

　　假如我们刚表达出自己的观点，对方就直接否定，这时我们马上就会产生一种被拒绝的痛苦。我们会觉得对方不仅否定了我们的话，而且抹杀了我们的价值。因此，为了维护自己的立场，保护自己，我们便开始反驳对方，情绪也会变得越来越激动。这时我们的自我认知能力和自控能力开始下降，和对方谈不了几句就会争吵，双方想的都是反驳对方，证明自己是对的。

　　喜欢与人争论的人，其人生观通常非黑即白，总是觉得自己很有原则性。其实与人谈话追求的是愉悦与共赢，如果凡事都较真，一定要论个输赢，谁都不肯让一步，结果往往是赢了道理，却输了感情。

　　尊重是与人建立良好关系的第一步，只是单纯地证明自己是对的远远不够，还需要承认对方也有正确的部分，这样才能让双方的谈话更加顺畅。

　　因此，为了避免再次陷入争论对错的情境，在回应对方观点之前，我们可以尝试先让对方知道他的哪一些观点是我们可以接受的，为双方的谈话奠定基础，再向对方表达我们的观点，这样就能避免话不投机、不欢而散的结局。

　　有时即使我们明知道对方的某个观点是错误的，但也要学会隐忍，因为这些事情的对错在当时来看并不重要，重要的是和对方关系的保持。

第一章
说话读心：做高段位的沟通者，和谁都能聊得来

案例 06 卡耐基与人争论名言出处，其朋友承认对方正确，帮其解围

卡耐基参加了欢迎罗斯的宴会。在这场热闹的宴会上，大家谈笑风生。其间，罗斯讲了一个有趣的故事，并在故事中提到了一句名言，然后他非常自信地说："这句话出自《圣经》。"

卡耐基很清楚那句话与《圣经》无关，而是出自莎士比亚的一篇文章，于是他指出了罗斯的错误。但是，罗斯不仅没有意识到自己的错误，还始终坚持自己的说法，并坚定地对卡耐基说："不可能，这句话分明出自《圣经》，年轻人，你肯定是记错了！"

听到罗斯的回答，喜欢辩论的卡耐基当场与之激烈地争论起来。尽管他知道对方是错误的，但当场拿不出任何证据。看着罗斯死不认错的样子，卡耐基心里非常气愤又无可奈何。这时，曾潜心研究过莎士比亚的贝琳达夫人刚好走过来。

于是，卡耐基请她来做评判。贝琳达夫人坐到卡耐基旁边，耐心地听完事情的经过，然后在桌底下用脚轻轻地碰了碰卡耐基，说："戴尔，你记错了，这句话不是出自莎士比亚的文章，而是出自《圣经》。"

接着，目睹这场争论的人们开始满意地举起酒杯庆祝"辩论赛"的结果。晚宴结束后，卡耐基有些不满地对贝琳达夫人说："你是知道的，这句话分明出自莎士比亚的文章，你为什么说我错了？"

贝琳达夫人微笑着说道："戴尔，你说的当然是对的，这句话的确出自《哈姆雷特》第五幕第二场。但我们是客人，为什么要指出他的错误呢？与其这样，不如保住他的'面子'。记住，与人交往要避免冲突，切忌总是争论对错。"

假如我们为公司新设计了一款产品，在与同事交流时遭到了对方的反对。这位同事总是喜欢否定别人，说："你根本就不了解消费者的心理需求，现在的消费者非常挑剔，这样的新产品肯定入不了他们的法眼！"

此时，我们不要急于解释，而是先认同对方的话，可以这样说："是的，你一定是最了解消费者心理的人。"

对方说："还行吧！"

一般情况下，人们在面对别人的称赞时会表现出谦虚的态度，收敛平时的张扬。这时我们可以说："既然你对消费者的心理需求这么了解，按照您的想法来看，这款新产品还有哪些地方需要完善呢？在你说之前，请先允许我完整地解释一下这款产品的设计理念，这样你也可以给出更加全面的评估和反馈。"这样说就争取到了完整发言的时间和空间。

假如我们一听到同事的否定就立即反驳其观点："你的想法错了，这款新产品和

以前的旧款区别很大，我们引入了许多新的理念……"或者"你先听我说，这款新产品在设计风格上和旧款有很大的区别……"同事听完我们的话，会认为我们拒绝接受其建议，可以想象后面的谈话会更加困难。

很多时候，公司召开工作会议只是想讨论某项工作，但由于意见不一致，各方开始争执，最终浪费了很多时间也没有达成一致。之所以出现这样的局面，很大一部分原因在于人们往往会因为在沟通时出现意见不一致的情况而情绪化地将"沟通"变为"辩论"。其实任何人都不可能永远正确，当别人提出反对意见时，我们不能冲动地任由"说赢对方"的想法控制自己而急着说服对方，让对方接受我们的观点。

与人谈话，不要抱有"我胜你败"的想法，也不要按照这种想法去行事。沟通是为了交流，并不是为了争输赢。我们要在平时有意识地转换自己的思维方式，从不同的角度看待同一件事，不拘泥于一己之见，这样可以尽量避免固执己见，对待事情不会过于较真。

说话不要太较真，并非鼓励不认真的态度，而是指说话不要过于拘泥。灵活地对待双方的关系是最明智的做法，如果事事非要争个明白，论出输赢，我们将会失去更多。把事情都看开了，一笑了之，我们就已经是赢家了。

> **沟通技巧**
>
> 与人交流时，过于拘泥是非只会激发冲突，伤害感情。我们要懂得先认可对方的某些正确观点，再慢慢说出自己的观点，甚至有些时候宁可忽略对方某些无关紧要的小错误，不必过于较真，这样在沟通时会让自己占据更有利的位置。

七、未雨绸缪早做安排，话题准备充分不吃亏

在与人聊天时，出现冷场无疑会令人感到窘迫。之所以出现冷场，主要原因包括：双方关系还很陌生，身份信息、兴趣爱好、性格、素质等差异比较大，感情不和，存在利害冲突，性格都比较内向等。

当出现冷场时，双方都会感到尴尬。但只要我们掌握了有效的方法，及时根据当前情境设置话题，就能避免冷场的出现，或在冷场出现时尽快解除无话可说的尴尬。

说话读心：做高段位的沟通者，和谁都能聊得来

1. 要学会拓展话题的领域

说出的话要让对方能够理解，并据此发表看法，然后我们再打探对方的兴趣和爱好，从而拓展话题的领域。例如，指着一件雕刻作品说："这真像罗丹的作品。"或者听到某个音乐作品时，评论说："很有门德尔松音乐的风格。"

假如我们想知道对方的职业，想以此更深入地展开话题，只能用试探的方法。当确定了对方有工作时才能问他的职业，然后谈论他工作范围内的事情。如果无法确定对方是否工作，或者已经打探出对方正处于失业状态，最好谈论其他话题。

2. 机智接答话题

如果谈话中我们能紧扣对方的话题，机智、巧妙地接答，与对方的谈话就会变得很风趣，谈话氛围会更好。例如，当我们夸奖对方的出色业绩时，对方可能谦虚地回答"一般一般"。假如我们不接着话茬儿说下去，岂不是认同了对方所说的"一般一般"，这与最初的夸奖就自相矛盾了。所以，我们不能沉默不语，而要用一句风趣幽默的话接住对方的话茬儿："'一般'都这样厉害，那'二般'就更不得了了！"这类接话一般采用谐音、双关的手法，接住对方的话茬儿做出风趣的回答。

巧妙接话还有另一种方式，即转移话题，将原来的话题转移到其他话题上，使谈话转变一个方向继续进行下去。

案例 07　业务员巧妙转移客户话题，为公司带来了更多的订单

某公司为了加强和客户之间的联系，特意举办了一次工商联谊会。公司老板安排业务员王众在联谊会期间陪同他的客户杨山林。两人一边走在会址周围的商圈一边闲聊，当路过一家商场时，两人对商场的销售情况展开了一番探讨。最后，杨山林感慨道："现在的市场竞争真够激烈的。"

王众挺认同客户的话，但如果直接说"是啊，确实挺激烈"而不说其他话题，客户就会以此为借口向他施加压力，公司就会吃亏。本着这样的想法，他立刻机智地接过客户的话茬儿说："就是，市场竞争激烈了，业务员的数量也增加了不少，您公司的业务员也不少吧？"

就这样，王众成功转移了话题，并把话题朝着有利于自己的方向延续下去。最后，客户觉得和他谈话很愉快，回去以后又给王众所在的公司追加了订单。

3. 适时地提出引导性话题

引导性话题一般是一些问题，这些话题要根据对方的性格特点、兴趣爱好、职业性质等方面来设置，如"最近工作还顺利吧？""看你这几天很高兴，有什么开心

的事情啊？""前几天我见到你儿子了，他学习很不错吧？"等。这些问话能给对方带来温暖，为进一步交谈奠定良好的情感基础。

值得注意的是，引导性话题要注重可谈性。如果话题过于敏感或超出了对方的兴趣爱好范围，或过于深奥，对方就不愿意说，或想说也不知道该怎么说。我们提出引导性话题的目的就是想让对方开口讲话，如果对方无话可说，那么提出这类话题也就没有什么意义了。

> **沟通技巧**
>
> 对两个当面交谈的人来说，冷场导致的尴尬让人难以忍受。要想避免冷场，我们就要掌握话题破冰之术，学会巧妙地接住对方的话题，或转移话题，或提出引导性话题，并注意在平时储存话题，以备不时之需。

八、把握玩笑话的火候，别吃"过度"的亏

开玩笑的目的是缓解气氛、娱乐大家，但如果方法不当就容易过了火候，导致玩笑开大了，让对方下不来台。理智的人开玩笑时都会把握分寸，他们知道玩笑话说到怎样的程度才算合适，而那些考虑不周、说话大大咧咧的人常把玩笑话说成嘲讽话，使玩笑话具有了攻击他人的意味。

有些人开起玩笑来只顾逗大家开心，而忽视了被开玩笑者的心情，导致事情出现难以控制的尴尬局面。

案例08 因在聚会上开玩笑过火，致使一对要好的朋友关系冷淡

韩小雨进入大学校园，参加了学校的新生入学军训。军训结束后，国庆假期也到了。于是，她约了几个平时非常要好的高中同学一块聚餐。韩小雨长得非常漂亮，平时皮肤白皙，非常爱美，性格也活泼开朗，经常和同学们互相开玩笑，嘻嘻哈哈。

不过与以前相比，这次聚会时韩小雨黑了不少，因为军训期间一直在晒太阳，而且她没有采取防晒措施。

在聚餐时，这些高中同学都有说有笑地谈论自己在大学里遇到的新鲜事，平时

和韩小雨关系不错的刘芳开起了玩笑："哎哟，小雨，你军训没擦防晒霜吗？你现在的皮肤黑得就跟包黑炭似的，幸亏军训结束了，不然再过一阵儿你就只能去非洲找男朋友啦！"

大家听了这话都不约而同地大笑起来，只有韩小雨冷冷地回了一个僵硬的笑容，然后阴沉着脸，之后便一直默默地吃东西，不再和同学们说话。

过了一会儿，刘芳因为有些私事提前离开了聚餐活动。几分钟后，韩小雨抑制不住心中的苦闷，委屈地哭泣起来，把其他同学都吓了一跳，这时聚会活动的气氛十分尴尬。几位女同学耐心地安慰她，过了一会儿她的情绪才慢慢地恢复了平静。

自此以后，这些高中同学聚会时再也没见过韩小雨和刘芳同时出现，曾经那么要好的朋友就因为刘芳的一句玩笑话走到了尽头。

玩笑话就像一团火，轻则温暖人心，重则恶语伤人。因此，不管与朋友的关系有多好，开玩笑时都要讲究分寸，别太过火，避免伤害对方的自尊，破坏双方的感情。

> **沟通技巧**
>
> 许多人喜欢和别人开玩笑，可在不知不觉中就把玩笑开过了火，反而伤害了双方的感情。所以说，开玩笑之前，要三思玩笑话，以免出口成刀，伤人无形，笑果变恶果。

九、学会克制情绪，莫因发怒破了相

很多人遇到麻烦时容易情绪失控，更有甚者会大发雷霆。情绪伴随人体的机能和思维产生，而不合理、不正常的情绪也会反过来影响人体机能和思维的正常运转。情绪失控很可怕，人在失控的状态下很容易做出一些违背本来意愿而让自己非常后悔的事情来。

胡适说："发怒是一种破相。"这话不假，人可以适当地放任自己，但肆意地放纵肯定是不行的，人总不能由着自己的性子乱来，学会克制自己的情绪也是处世之道。

案例09 因上班快要迟到而情绪烦躁，与室友一言不合开始厮打

郑学礼性格急躁，时间观念很强，假如在规定时间内完成不了工作，或者在生

活中遇到不顺心的事情，他就会很暴躁。

他是某公司的一名文案，有一次晚上熬夜赶稿子，睡得特别晚，早上醒来时发现闹钟没响，但时间已经到了8点，马上就要迟到了。他非常恼火，急忙穿好衣服，打算快些刷牙洗脸，然后打车赶往公司。

由于住在合租房里，所以他和别人共用卫生间。当看到有人占用卫生间后，他着急地用手拍门，并大声喊道："快出来，我快迟到了！"当合租室友出来后，他仍然不住嘴："磨磨蹭蹭的，我迟到了谁负责？！"

这位室友平日里和他关系就不怎么好，听了他的话后很生气，也不满地回应了一句。两人一言不合，最终打了一架，好在其他舍友阻拦，这才收场。

许多人似乎很容易被情绪左右，因为一些芝麻大点儿的小事就狂怒不已。如果任由这种情绪发展下去，肯定不会获得成功与快乐，只会让事态恶化，让自己成为情绪的奴隶。

案例10　准新娘对装修不满意要求返工，越闹越离谱使男友坚决分手

孙丹丹与男友热恋了3年，两人感情很好，打算结婚，房子、车子都准备好了，婚礼请柬也都发出去了，喜气洋洋地迎接婚姻大事。

婚礼筹备期间有很多杂事，孙丹丹的男友不仅要跑前跑后，还不能落下工作，这让他时刻处于紧绷的状态。但是，孙丹丹此刻就有些任性了，不但没有和男友一起分担繁杂的事务，反而总是抓着房子装修上的一些小毛病和男友发脾气，并让男友找装修公司返工。

男友非常疲惫，给她解释道："这些小毛病都无关紧要，等以后咱们积攒一些钱，再换一种装修风格。"孙丹丹不听，坚决要求现在就返工，甚至以拒婚威胁男友。

看着孙丹丹越闹越离谱，男友终于忍受不了，非常坚决地与她分手了。

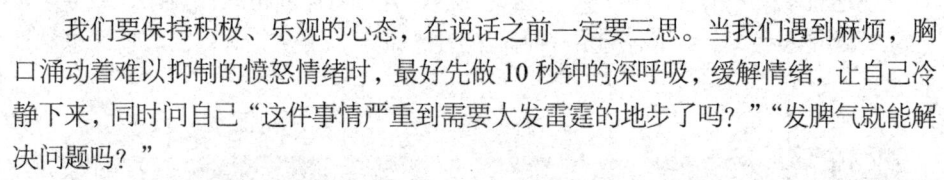

我们要保持积极、乐观的心态，在说话之前一定要三思。当我们遇到麻烦，胸口涌动着难以抑制的愤怒情绪时，最好先做10秒钟的深呼吸，缓解情绪，让自己冷静下来，同时问自己"这件事情严重到需要大发雷霆的地步了吗？""发脾气就能解决问题吗？"

发怒不仅会影响很多事情的走向，在一定程度上也影响着我们的健康。那么，如何才能有效地克制自己的情绪呢？

1. 掌控自己的情绪

学会了解并掌控自己的情绪，当觉得自己的情绪要失控，想要发怒时，可以停下来问问自己发生了什么。强制性地压抑情绪可能会起到反作用，所以不如防微杜渐，通过一点一滴的小改变来掌控自己的情绪。

2. 表达自己的情绪

不良情绪就像洪水一样，如果不合理地发泄出来，难以想象会造成何等覆水难收的后果。因此，不妨换个方式，婉转地表达自己的情绪，或者通过运动发泄自己的情绪，不管怎么说，都比声嘶力竭地发脾气要好得多。

> **沟通技巧**
>
> 不管发生了什么事情，心里多么不痛快，都不要情绪失控。当我们内心积累了很多负面情绪时，一定要合理地表达或发泄出来，避免因为乱发脾气而影响正常的人际关系。

十、提问适可而止，追根究底只能惹人烦

提问是一门学问，问得少了信息量不够，无法解决我们的疑问，而问得多了又容易让人为难，使人厌烦。因此，一定要知道该问什么，不该问什么，并在提问时适可而止。

一般来说，人们比较容易犯的错误是问得太多，惹人生厌。我们提问的目的是获得对方的信息，以便更好地与对方交谈，所以没有必要像审问犯人似的追根究底。

在提问时，要注意以下几点。

1. 涉及隐私的问题不要问

有些人总爱"刨根问底"，没完没了地打听各种细节问题，甚至涉及个人隐私，使人非常厌烦。因此，如果我们发现自己的问题可能涉及对方隐私时，就不要继续问下去了，要懂得适可而止。

每个人都有自己需要保守的秘密，都有不想让别人知道某些事情的权力。例如，朋友家里出了一些麻烦，可他并不想让我们介入这件事，当我们到他家去时，感觉气氛不对头，于是就好奇地不断追问："有点儿不对劲啊，你家是不是出了什么事？"

对方觉得不方便告诉我们，但不说又怕造成误会，实在是左右为难。

案例 11　下属用短信追问经理隐私话题，导致其与经理的关系迅速疏远

马晓辉与经理关系比较好，经常主动跑腿帮经理办事。由于两人住所在同一个方位，所以如果他们两人一起离开公司，经理经常顺便载马晓辉一程。

有一次，经理在下班后留在公司没走。马晓辉在回家的路上突然想起忘了带钥匙，于是赶紧回去拿。到了公司以后，他发现经理的办公室房门虚掩着，出于好奇，他向里边瞟了一眼，发现经理正在不住地叹气，一副愁眉苦脸的样子。他当时并没有和经理说话，匆匆回了家。

但马晓辉忍不住好奇心，晚上9点左右又给经理发了条短信，问他遇到了什么事情。经理回了一句"没事"，他紧接着又说了一句："听王宁说您离婚了？"经理再也没有回短信。第二天，马晓辉发现经理对他有些冷漠，他打招呼时经理也没有回应一声。马晓辉努力想改善两人的关系，但都没有效果。

后来，公司里开始传出经理离婚的消息，经理认为是马晓辉四处传播才导致这样的局面，以后经常动不动就生他的气，对他的工作也非常不满意。马晓辉发现自己已经无法在公司待下去，只好辞职了。

在这个案例中，马晓辉就触犯了经理的隐私。当经理拒绝说出自己的隐私之后，他不应该再向经理追问这件事。毕竟离婚令人头疼，没人想分享这种糟心的事情。

2. 小问题引出大话题

如果我们想要获得更多的信息，不一定非要不断地抛出问题，问题的个数不代表获得信息的数量。我们可以从一个巧妙的小问题入手，吸引对方的兴趣，让对方围绕这个问题来阐述自己的看法。通过对方话语的内容，我们自然能获得想要知道的信息。让对方主动向我们提供信息，明显比追问的方式更高明。

3. 提问时别说太久

如果提一个问题需要说很久，可能对方到最后都忘记提问的内容了，很容易产生厌烦的情绪，所以提问一定要简练，即使要发表意见，也尽量在提问之前发表，切不可一边提问一边陈述，让人抓不住问题的重点。

4. 不要问过于宽泛的问题

在多数场合人们总是喜欢问宏观的、宽泛的问题，而细节问题却很少问。这让回答者很难有心情去回答，即使勉强应答也往

往是老生常谈，很难给出精彩的答案。

要想让别人愿意回答问题，让提问有意义，有价值，就要在提问时体现出自己的诚意，表现出自己对这一问题的重视，让人一听就知道我们是经过认真思考之后才提出来的。

提问的内容越具体越好，如，不要问"您如何看待最近的A股走势？"而是问"今天沪指跌破2800点，您认为是哪些因素造成的？"这样的问题传达的信息量比较大，更有价值，让人更容易回答。

5. 避免重复

如果前面已经提问过相关问题，对方也在给出答案时对这一问题有所涉及，就不要再重复提问了。重复提问很容易让对方厌烦，甚至认为我们根本没有倾听，对其没有表现出应有的尊重，从而拒绝回答接下来的其他问题。

> **沟通技巧**
>
> 提问时，我们要想获得更多的信息，需要运用正确的提问方法，避免刨根问底，探问隐私，同时在提问时语言要简洁，内容要具体，使对方更容易理解我们的问题，从而更快速地给出让我们满意的答案。

第二章

见微知心：读懂对方一举一动，看透隐藏的千言万语

无论对方多么会隐藏自己的想法，只要我们与之相对，就能透过眼神、四肢活动、五官状态变化以及声音或口头禅等看穿其心理，找到隐藏在其内心深处的秘密，使对方的真实心理无处遁形。知己知彼，百战百胜。当我们能够见微知心时，与对方的沟通自然就会减少很多阻力。

第二章
见微知心：读懂对方一举一动，看透隐藏的千言万语

一、眼睛是心灵的窗户，读心从捕捉目光开始

俗话说"眼睛是心灵的窗户"，通过观察对方的眼睛，我们就可以探测到对方的内心世界。不管对方的心里正在想什么，其眼神都会忠实地反映出来。

与人沟通的过程中，不可避免地会产生眼神的接触。当我们发表意见时，如果对方与我们保持眼神的交流，很认真地注视着我们，这说明他很愿意倾听；如果对方的目光游离闪烁，说明其内心充满怀疑，不同意我们的看法。因此，要想和对方展开有价值的交流，就必须看懂其各种眼神所表达的含义，从而"对症下药"，找到沟通的突破口。

1. 眼神平静

不管我们说什么，对方都会保持目光平视，非常平静。这样的人一般沉着冷静，拥有良好的心理素质，且有个人主见。在与这类人交流时，我们也要心平气和，尽可能通过一些有见识的话语吸引对方倾听。

2. 眼神专注

如果对方听我们说话时目不转睛地盯着某处看，说明他是一个性格固执、坚强的人，但他对那些当下可以带来收益的意见是非常愿意倾听的。

3. 眼神惊讶

当对方听到我们说一些比较新鲜、刺激的事情时，会露出惊奇的表情，这样的人对未知事物具有强烈的求知欲。与这类人交流时，只要能够抓住他们的好奇心，就可以牢牢地吸引他们的注意力。

4. 眼神游离

如果对方眼神游离，左顾右盼，说明他已经产生了厌烦情绪，即使我们再说下去也未必有效果。这时应该结束话题，或者寻找新话题，说一说对方愿意听的事情。

5. 眼神鄙夷

如果对方由上而下打量我们，露出鄙夷的眼神，说明他对我们抱有成见，不信任我们。因此，我们应该尽快消除对方对我们的陌生感，逐渐淡化对方对我们的怀疑，这样才能打开交流之门，如谈论一些对方感兴趣的事情，展现自己的专业形象等。

6. 眼神中充满不屑

工作与生活中，我们难免会遇到一些骄傲自大、自以为是的人，他们总是以俯视的目光与人交谈，认为别人不如自己，对别人不屑。这类人一般拥有较高的社会地位，对那些能够带来实际收益的事物会表现出较大的兴趣，所以在与其交谈时可以此为切入点。

> **沟通技巧**
>
> 目光传达出的是内心的真实想法，正所谓"眼睛是心灵的窗户"，透过眼神就能看出对方的真实心理。因此，当我们与别人交流时，可以密切观察对方的眼神，并根据得到的信息有针对性地改变沟通策略。

二、看清对方的嘴部线条，看透他/她的口是心非

虽然眼睛是心灵的窗户，但如果我们只依靠观察对方的眼睛，有时也无法了解其内心真正的想法，这时可以观察五官，五官信息也可为自己提供参考，其中嘴部线条的变化就很能说明问题。

嘴部线条的变化一般从以下几个方面进行观察。

1. 嘴唇并拢的笑

当我们看到对方笑的时候嘴唇并拢，就要在心里画一个问号：他/她真的是在微笑吗？这是不是一种虚假的笑容？只要我们细心观察就会发现，嘴唇并拢的笑容比自然的微笑持续的时间更长，并且一般不会延伸到眼部。对方出现这种笑容时，一般是其不得不对我们的话表示认同时而掩饰内心的不悦。

2. 嘴唇紧闭的笑

如果对方笑的时候，其嘴唇紧闭成一条直线，牙齿也被隐藏起来，这可能意味着其是在窃笑，或者在保留内心的想法。对方可能有不想让别人知道的秘密，也可能在表达自己不喜欢或不信任的感受。

3. 下颌张得很开的笑

当对方笑的时候，其下颌比正常的笑容咧得更开，就说明这是一种假笑，其笑容并非发自内心。

4. 下嘴唇较突出靠前

这种表情表示情绪不佳，心烦意乱。当对方真的不开心的时候，或者想要示弱、

寻求同情或帮助时，一般会出现这样的表情。

5. 磨牙

这是有压力或情绪压抑的表现，可能源于恐惧的反应或者其他被抑制的因素。

6. 咬嘴唇

这也是有压力的表现，可能是因为备受关注所导致的紧张感，或者因为十分焦急而备受煎熬。

7. 噘嘴唇

当一个人噘嘴唇的时候，一般是表示自己的不满情绪或者不同意见。我们经常看到，开会时当一个人不同意其他人的意见时，往往会做出这样的举动。不过，除了心存不满外，噘嘴的动作也常见于爱撒娇的女性。

8. 捂嘴

一般儿童最常出现这种动作，孩子们撒谎之后，他们会立刻用一只手或双手捂住自己的嘴巴，似乎是想以此来管住自己的嘴巴，不要再说错误的话。

长大成人以后，人们一般不会再做出如此夸张的举动。但是，每当人们撒了谎或者说错话，依然会把手伸向嘴巴，想以此收回刚才所说的话。只不过他们并没有把手捂在嘴巴上，而是轻轻地划过鼻梁，然后又归于原位。

9. 舔嘴唇

人们面临巨大的压力时，很容易感到口干舌燥，于是会情不自禁地用舌头舔嘴唇，好让嘴唇湿润一些。不仅如此，当人们心中不自在或者心理紧张时，也会用舌头反复地舔嘴唇来安慰自己，稳定自己的情绪。

10. 抿嘴

人们面临压力时，一般会拉紧自己的嘴唇。压力越大，嘴唇越扁平，直到成为一条直线。

从心理学的角度来看，抿嘴是自我抑制的表现，就好像是大脑在告诉我们"紧闭嘴巴，不要让任何东西进入身体里"。这个动作充分地展露了当事人的焦虑心理。

> **沟通技巧**
>
> 我们不能只寄希望于观察对方的眼神就能看透其真实心理，实际上人的心理活动可以从各个方面流露出来。当我们注意观察对方的嘴部线条时，就能看出对方的真实情绪，识破对方的虚假表情，帮助我们更精准地认识对方。

三、眉毛会说话，闭口不言也能出卖他/她的心

古人称眉毛为"七情之虹"，因为眉毛的各种形态可以表现出不同的情绪状态。带有"眉"字的成语，如"挤眉弄眼""眉来眼去""眉飞色舞"等展现的就是人们通过眉毛来表情达意的行为。眉语是一种微表情，其细微的变化能表现出不同的心理变化。

1. 扬眉

如果对方双眉上扬且伴有闪动，表明其心情非常愉快，对我们所说的话很感兴趣；如果对方是单眉上扬，也就是一条眉毛上扬，一条眉毛下降，表明对方对我们所说的话存在质疑，有不理解的地方，这就要求对方做进一步的解释说明。

2. 皱眉

如果我们发表某个观点后对方皱起眉头，说明对方正在思考我们所说的话，有可能在思考之后给出一个肯定的意见。这时我们应该积极引导对方在思考的过程中继续和我们交流，而不是出现沉默的尴尬。可以这样询问对方"你是怎么想的呢？""你同意我的看法吗？"

3. 耸眉

耸眉是指眉毛先扬起，停顿片刻后再下降。耸眉的表情经常伴随着嘴角迅速而短暂地往下一撇。对方做出耸眉的动作，表达的是不愉快的心理感受，可能是厌烦，也可能是一种无可奈何。

4. 闪眉

眉毛闪动，是指眉毛先上扬，然后瞬间下降，比耸眉的动作要更快速、更敏捷。这表示的是一种欢迎和友善的信号。

案例 12 汽车销售人员根据顾客眉毛变化获知其购买意向，最终拿下订单

张玲是一名汽车销售人员。一天，一位女士走进展厅，张玲马上迎上前去，热情地为其介绍车型。她看到这位女士眉头紧锁，意识到她肯定是在购车过程中一直不顺心，没有从其他地方找到自己满意的车型。于是，她安慰道："女士，看起来您很累，不如先过来休息一下。等休息好了再看车。买车最重要的就是选择自己喜欢

而且价格合适的,这种事情需要谨慎对待,不能过于着急,要慢慢来。"

张玲的这句话正好说到这位女士的心里,于是她坐下来和张玲说起了自己的购车经历。张玲从她的口中获知了其想要的款式和价位,于是便向她介绍了一款同类型的畅销车型,但价格方面比她之前看的要便宜不少。

这位女士听完张玲的介绍后眉毛上扬,但很快又皱起了眉头,问道:"这款车的价格这么低,是不是它的性能要比其他同类型的车低得多啊?"张玲知道这位女士具有强烈的购买意向,所以不慌不忙地为其进行了合理的解释,对方听了很满意,最后眉开眼笑地买了那款车。

在这个案例中,张玲就是看到顾客的眉头紧锁,发现其在购车过程中遇到的困难,为销售指明了方向,介绍完车型之后,分析顾客的心理,明白顾客的购买意向是非常强烈的,所以才满怀信心地拿下这个订单。

除了前面介绍的几种眉语之外,其实还有很多眉语。例如,当对方的眉毛迅速上下活动,一副眉飞色舞的样子时,说明其心情愉悦,与我们有着强烈的心理共鸣,很赞同我们说的话;当对方的眉角明显下拉时,说明其对我们的话感到气愤和懊恼,说不定很快就会发泄情绪。

此外,眉头舒展,表示心情愉快、坦然;眉毛完全抬高,表示难以置信;眉毛半抬,表示大吃一惊;眉毛全部降下,表示怒不可遏;眉头紧锁,表示内心忧虑或犹豫不定;眉毛倒立,表示极度愤怒或气恼。

> **沟通技巧**
>
> 眉毛也能传情,但传达的多是情绪状态。我们可以根据对方的眉语分析并判断其真实的心理活动和心情,以此制订有针对性的应对策略。

四、对方抓耳挠腮,不要以为这是因为身体痒

当我们看到对方抓耳挠腮时,可不要想当然地认为对方身体痒,说不定对方正在经受焦急、苦恼和忙乱的情绪折磨。所谓抓耳挠腮,并不仅局限于抓抓耳朵,挠挠腮帮,它包含许多微动作。当我们把这些微动作看透之后,就可以大体了解对方的心理状态。

1. 摸鼻子

儿童时期,人们一说谎会捂嘴,阻止自己说更多的谎话;而到了成年时期,人

们在说谎时开始用摸鼻子代替捂嘴这个动作。当负面想法一出现，大脑就会潜意识地命令手去捂嘴，但在最后的那一瞬间，为了让这个动作看起来更自然，手快速地在鼻子的下沿很快地摩擦几下，非常轻微，然后迅速地离开脸部。

还有一种说法，说谎会使鼻子的末梢神经有轻微的刺痒感，所以会情不自禁地用手去摸鼻子来缓解刺痒的感觉。那么，如果摸鼻子的人仅仅是因为鼻子过敏呢，如花粉、某种气味等，在这种情况下，他们摸鼻子的动作幅度比较大，而在说谎时摸鼻子的动作则非常轻微。

摸鼻子的动作也分为两种情况，说话者做出摸鼻子的动作一般是在说谎和掩饰，而倾听者做出这种动作则用来表示怀疑。

2. 摸耳朵

孩子用手捂住耳朵，一般是对大人的话感到厌烦，成年时期做出这种动作也是出于类似的心理，是听者试图阻止谎言进入耳朵而不自觉地做出的动作。除了摸耳朵，还有挠耳朵、挖耳朵、拉耳垂等动作，都表示已经听够了对方说的话或者自己有话要说。

3. 抓脖子

人们说谎时也有可能抓脖子，用食指，尤其是写字用的那只手抓挠脖子一侧位于耳垂下方的区域，表现了内心的怀疑、不确定。如果某个人信誓旦旦地对我们说"我完全赞同你的观点"，同时又在抓脖子，可以推断其并不同意我们的观点。

案例 13　职员向总经理提意见，因识破总经理挠脖子的动作而成功

宋娇娇是某公司的一名新职员，对待工作认真负责。工作了一段时间后，她发现公司在管理上存在很多问题，于是向总经理反映了这些情况。总经理听完之后，会心一笑，说道："嗯，你说得还是很在理的，过几天我们会一起讨论这些问题的。"

然而过了很长时间，宋娇娇提出的问题始终没有得到改善。她非常困惑，为什么总经理说自己提的建议很好，但又迟迟不给出反馈呢？后来，看了美剧《别对我说谎》后她才恍然大悟。

她记得当总经理在说"嗯，你说得还是很在理的……"这句话时，他的手在摩擦自己的脖颈。当时宋娇娇并没有觉察出异样，只是认为这是总经理的一个习惯性动作。没想到这个动作说明总经理对自己的意见是持怀疑态度的，当时并没有直接

说出来，只是为了不打击自己的热情而已。

后来，在公司工作了一年的员工张莉也走进总经理的办公室提意见。张莉请求总经理给自己涨薪，因为她觉得自己在公司工作的一年时间里，无论业务能力还是办事能力都提升了不少，也应该涨涨工资了。

张莉说完这些情况后，总经理笑了笑，靠着椅子，抓挠着脖子说："你说的这些情况我都已经看在眼里，我承认你的能力确实提升了不少，但我觉得你还有很大的提升空间，再说你的工资已经比和你同期进公司的人要高得多了。"

张莉看到总经理抓挠脖子的动作以后就意识到自己的请求可能会遭到拒绝，于是马上改变策略，勇敢地向总经理提出了一个建议，而正是这个建议让总经理对她的看法有所改变。

公司正要开发年度新产品，张莉向总经理承诺她可以为新产品开发做一份漂亮的策划书。假如她做的策划书获得认可，就要给她涨工资；如果策划书被否定，那么工资就维持原状。总经理被张莉的魄力征服了，他摸了摸下巴，赞许地点了点头，说："好，就按你说的来。"

当总经理把手从脖子挪到下巴的一刹那，张莉知道自己离成功已经不远了。

4. 拉衣领

有研究发现，人们说谎时血压会升高，导致敏感的面部和颈部肌肉刺痒，因此需要依靠摩擦或是抓挠来消除这种不适。所以，看到对方在说完话之后拉衣领时，我们不妨平静地说一句："请你再讲一遍好吗？"或者问一句"你确定吗？"对方的谎言可能会不攻自破。

> **沟通技巧**
>
> 当人们说谎或者心存怀疑时，会情不自禁地用手抚摸身体的某些部位，以此消除不适感。这些动作是为了掩饰自己的不安或表达自己的不同看法。因此，我们不要忽视对方的这些微动作，要仔细观察，并据此推断对方的真实心理。

五、亲近不亲近，看一下距离就知道

人们大都会有领地意识，潜意识中想和他人保持一定的空间距离，以使自己的周围有一个自己能够把握的自我空间，而当这个自我空间被他人触犯时就会感到不舒服、不安全，甚至异常气愤。

一位心理学家曾经做过这样一个实验：打开阅览室的大门，当第一名读者进去读书时，心理学家就拿把椅子坐在其旁边。整个实验进行了80人次，结果证明：在一个只有两位读者的空旷的阅览室里，没有一个被试者能够忍受一个陌生人紧挨着自己坐下。因为被试者并不知道是在做实验，当心理学家坐在他们身边后，被试者很快就会站起来走到别处并坐下，甚至有的人用一种质疑的语气问道："你想干什么？"

这个实验非常形象地说明了人们对空间距离的需要。因此，为了在与人交流时不至于妨碍别人的空间距离，或者想要拉近与其他人的距离，首先就要了解空间距离的分类。

美国人类学家爱德华·霍尔将人们之间的空间距离分为4类。

1. 亲密距离

亲密距离是指非常接近的距离，一般间隔在15～45厘米之间，甚至能够亲密无间，紧紧地挨在一起。这种距离常见于恋人或夫妻之间，父母与子女之间，或是很要好的朋友之间。这种距离会给人一种安慰和亲近的心理体验。

在人际交往情境中，亲密距离一般用于私下的场合，只有情感高度联系的人才会相互使用。假如某个不属于亲密圈子的人闯入这一空间，不管他是如何想的，都是不礼貌的，会立即引起对方的反感，自讨没趣。

2. 个人距离

个人距离比亲密距离稍微远一些，一般间隔在0.45～1米之间。处于这种距离时，双方可以伸手握到对方的手，但不容易与对方发生身体接触。一般来说，熟人、朋友间的交谈多采用这种距离。在社交场合，某些人为了向对方表示一种亲近感，也会采用这种距离。

在个人距离中，任何朋友和熟人都可以自由地进入这个空间，而陌生人进入这个空间就会引起他人的心理防范。

3. 社交距离

社交距离一般用于礼节上比较正式的交往关系，如工作场合等，一般间隔在1.2～3.6米。这种距离会给人一种庄重感和严肃感。在小型招待会上，与没有过多交往的人打招呼可以采用这种距离。

当双方处于社交距离时，彼此没有直接的身体接触，所以应该适当地提高说话声量，并多与对方进行目光交流。假如某一方得不到对方目光的支持，就会产生强烈的被忽视、被拒绝的感受。

4. 公众距离

公众距离分为两类，一类为接近型，间隔在3.7～7.6米；一类为远离型，间隔在7.6米以上，这两类都适用于公开演讲等公共场合，说明说话者与听众之间需要解决很多问题，或者交流很多思想方面的话题。

公众距离是一种几乎开放给一切人的空间，人们完全可以和处于这个空间内的其他人不予交往，因为彼此之间未必会发生联系。演讲者要想与一个特定的听众谈话，实现有效沟通，就必须走下演讲台，使两人的距离缩短为个人距离或社交距离。

心理学研究表明，空间距离与心理距离有着密切的关系。我们可以通过彼此之间的空间距离，比较准确地判断出与对方的关系密切程度，也可以通过对方与我们保持的空间距离来推断其与我们之间的心理距离，从而看清对方的情感变化。此外，我们也要善于运用转换空间距离的方法来拉近对方与我们的心理距离。

偶像剧中经常出现这样的情节：一男一女还没有确立恋爱关系，但互有好感，两个人过马路时，男方一般会制造一个让女方转移注意力的机会，趁机拉住女方的手，然后两个人的心就在那一刹那间迅速拉近了，心照不宣地确立了恋爱关系。

由此可见，缩短空间距离有助于拉近心理距离。在商务场合中也是如此，如果在宽敞的会议室或者接待室双方洽谈无果，始终没有实质性的进展，一方可以把对方从会议室拉到饭店甚至小小的酒吧，通过缩短彼此的空间距离来拉近心理距离，最后的洽谈可能会成功。

我们可以设想这样一个场景：在饭店甚至一个小小的吧台边，气氛融洽，双方促膝长谈，彼此靠近，随着谈话题的深入，对方越聊越高兴，不知不觉中双方感觉相见恨晚，消除了对对方的戒备心理，无论对哪一方，对方的话都更具说服力了，自然更容易交涉成功。

销售人员在推销产品的过程中也可以运用这样的方法。如果销售人员与顾客面对面而坐，推荐完产品后，顾客面对产品举棋不定，销售人员可以对顾客说："不妨我坐你旁边吧，这样更方便展示产品。"然后坐到顾客身边，与其肩并肩地坐着，事情很有可能出现转机。

> **沟通技巧**
>
> 空间距离与心理距离有着紧密的关系。在与别人交流时，可以通过观察对方与我们的空间距离来分析对方与我们的心理距离，并通过有效的方式合理缩短空间距离，从而达到拉近彼此心理距离的目的。

六、看懂对方的"脚语",识破每一步的秘密

心理学家研究发现:人体中越是远离大脑的部位,其传达的信息可信度越大。脸距离大脑中枢最近,却是最不诚实的部位。

与人相处时,我们总是最关注对方的脸,而且同样在意别人是否关注我们的脸,所以人们总是用表情撒谎。手位于人体的中间偏下,与脸相比诚实度算是不错的,但人们也用它说过谎。脚距离大脑最远,很多人来不及用它说谎,所以它就比脸与手要"诚实"得多。因此,"脚语"也成了最容易泄露人的心理秘密的肢体语言之一。

中国汉语言文化博大精深,在我国丰富的语言词汇中有许多描述"脚语"的形容词,这些形容词与其说是描写脚步的状态,不如说是在描述人的情绪状态,只不过是人的内心状态通过脚步的轻重缓急体现出来罢了,比如"阔步向前""步伐矫健""跌跌撞撞""闲庭信步""健步如飞"等。

人在不同的情绪状态下会有不同的走路姿势,而且不同性格的人在走路时也各有风采。"脚语"是为情绪和性格打出的节拍,"暴跳跺脚"是低沉的快节奏和重节奏,"闲庭信步"则是舒缓、怡然的慢节奏。当人们心情愉快时,脚步声往往轻而散;当人们烦恼苦闷时,脚步往往沉重拖沓。

只要我们能够跟对节拍,读懂"脚语",对方的真实性格就会被我们知晓。

1. 昂首阔步

这类人在走路时抬头挺胸,步伐坚定有力,看起来十分自信。这样的人自信心强、主观意识强,反应迅速,做事有条不紊,是一个行动主义者,适应能力比较强,讲效率,办事不拖拉。因此,在与这类人交流时要干脆利落,抓住重点,语气一定要自信,说话要有条理。

案例 14 销售人员通过观察客户步伐推断其性格,调整策略达成合作

刘莹莹在一家公司做销售,这一天与客户约定在咖啡厅见面,打算商谈合作细节。她很早就来到了咖啡厅,因为这是她第一次与这位客户见面,所以一直紧张地看着外边来来往往的人群。

这时,她发现一个中年男人昂首挺胸走了过来。这个人的脚步急急忙忙,步伐迈得很大,直觉告诉她这就是要与她见面的客户。

刘莹莹早就学习过身体语言方面的知识,她从客户的走路姿势知道他是一个行动力很强、办事效率很高的人,于是她迅速调整自己的谈判策略,减少寒暄,快速进入正题。

第二章
见微知心：读懂对方一举一动，看透隐藏的千言万语

结果正是如此，客户对她如此高效率的商谈能力非常满意，很快就达成了合作协议。

2．步伐平缓

这类人不管什么时候走路都是慢腾腾的，这说明他们讲求稳重，三思而后行，不会冲动行事，也不会轻易听信我们的观点。因此，对待这种人要晓之以理，动之以情，用自己的真诚和关心去打动他们。

3．横冲直撞

这类人走路横冲直撞，不管不顾，说话速度也很快，说明他们的脾气可能有些暴躁，说话方式不太友好，但性格直爽、坦诚、爱憎分明，比较容易被说服。对待这种人要坦诚，为他们着想。如果我们做销售工作，可以为这类顾客多提供一些帮助，帮助他们找到自己需要的，并提供优质的售后服务，他们就会成为回头客，并尽力为我们介绍新顾客。

如果我们能读懂对方"脚语"的变化，可以适时地调整谈话策略，做到游刃有余。"脚语"可以分为几类。

1．转向脚

谈话过程中，如果我们发现对方突然将脚移开，而脚尖指向座位的外侧，说明对方想要离开，而其想要离开的方向正是他的脚指向的方向。

这个动作表明对方不想继续交谈下去，而想尽快离开交谈现场。这时我们千万不要再喋喋不休地说下去，否则只会加速对方离开，可以礼貌地向对方索要名片，然后和对方握手告别。

2．一只脚尖跷起

如果对方脚尖向上跷起，身体前倾，表明对方的情绪不错，或者我们所说的事情令其感到满意。如果我们在这时和对方谈要求，一般可以达到自己的目的。

3．叉开脚

与脚尖翘起相反，双脚叉开、身体挺直意味着怀疑和防范。当人们陷入对峙的状态时也会出现这种姿势，此时的情绪不佳，我们要提高警惕。

4．重心放在一只脚上

当两人坐着相互交谈时，其中一方开始把双手放在膝盖上，并且将重心放在一只脚上，说明这个人已经想离开了。无论此时此刻多么急切地想与其交谈，我们也

要明白对方已经对我们所说的话题不感兴趣了,除非我们能够提出新的话题再次吸引他的注意力,否则只能结束此次谈话。

> **沟通技巧**
>
> "脚语"能够反映出人的内心状态,而且不易被主观意识所干预。"脚语"除了能够体现出人的性格特点外,还可以使我们了解对方心理的变化,从而帮助我们调整谈话策略,使我们在人际交往中游刃有余。

七、语速识别法,快慢之间看透对方的小心思

每个人的说话方式都与别人有着一定的差别,除了说话内容以外,说话的语速也隐藏着每个人的性格密码。

人的说话速度一般在每分钟300~500字。不同的人,其说话速度略有不同。影响语速的因素到底是什么呢?心理学家通过研究发现语速的快慢与人的内心状况关系密切,通过语速的变化可以了解人们内心的变化。

1. 说话语速快

人们形容这类人的语速时常说:"他说话就像打机关枪似的。"面对这种人时,假如是在普通的社交场合,我们必须集中精力倾听,否则可能会错过某些重要信息,导致自己听得云里雾里。假如是在辩论或者争吵,因为对方语速过快,我们可能无法插嘴,其言辞之厉使我们无从招架。

从性格角度来说,这类人自我意识比较强,表现激进,不轻易认输,敢于接受挑战,而且相信命运掌握在自己手中。

不过,这样的人很多时候表达会有问题,情商低,说话没有重点。还有另外一种可能性,此人内心焦躁不安,十分敏感,想用一连串的话展现强大的气势来压制我们。假如我们懦弱、胆小,可能会就此屈服,但真正强大的人不会畏惧他们,而是以柔克刚,任由对方讲出自己的观点,再对其进行委婉与真诚的解释。

2. 说话语速慢

如果一个人说话慢条斯理,保持慢悠悠的状态,这样的人内心十分平静,不急不躁,给人以沉稳的感觉。

他们在回答问题时从来不会脱口而出,而是经过缜密的思考,考虑成熟之后才会说出答案,而且会在说出答案的时候边思考边做出修正。有时,说话慢的人会给

人一种多谋者的印象，他们善于察言观色，根据现场情势决定自己说话做事的策略，展现出一种欲言又止、深思熟虑的形象。在社交场合中，这样无可厚非，但在熟识的朋友之间这样做就显得有些不合适，可能会让朋友之间产生心理上的隔阂。

当然，如果一个人的语速过慢，就会显得毫无活力，过于死板。

3. 转变语速

转变语速分为以下多种情况。

（1）假如一个人平时伶牙俐齿，语速很快，突然变得吞吞吐吐，前言不搭后语，语速迅速降下来，除了谈恋爱时的紧张不安以外，一般是对对方怀有敌意或者撒了谎，或者向对方隐瞒了某些事情而底气不足。

（2）在公共场合，如果平时说话语速很快，突然放慢语速且说话很有条理，多半是为了强调某些观点，想引起别人的注意或使其同意自己的观点。

（3）当一方伶牙俐齿、语势逼人时，另一方展现出缄口沉默、笨嘴拙舌的样子，大多是因为自卑心理在作怪，对自己没有信心，或者被对方的话语戳中内心，难以反驳。

（4）假如某个人平时说话一直慢慢悠悠，在面对其他人的侮辱或指责时，他仍然慢慢悠悠，甚至支支吾吾说不出话来，很有可能这些侮辱和指责是事实，他心虚，底气不足。假如他用比之前快得多的语速大声驳斥，很有可能这些话是对他无端的诽谤。

（5）假如某个人平时说话语速很慢，突然间说话速度快了起来，很有可能是他做了什么不好的事情，用说谎的方式欺瞒对方，从而显得底气不足。

> **沟通技巧**
>
> 说话是人们在进行思想上的交流，同时也是个人感情的流露。语速快慢的不同表明其内心的状况不同。仔细留意一个人说话时的语速及变化，就能掌握其心理状态，看透其细微的内心活动。

八、听清口头禅，最常见的话显个性

"真没劲""烦死了""有没有搞错"……在日常生活中，我们时常听到这样的口头禅。有的口头禅表现得比较主观、消极，而有的口头禅则表现得委婉、积极。那么，口头禅到底反映了人们什么样的心理呢？

心理学专家指出，口头禅是人们内心中对事物的一种看法，是外界的信息经过内心加工之后形成的一种固定的语言反应模式。只要在生活中出现类似的情形，人们便会让这些口头禅脱口而出。

口头禅是人们下意识的一种表现，可以帮助我们去认识一个人。因为口头禅不仅反映人们的情绪与心态，也间接地反映了一个人的性格。

案例15　一句口头禅经常为同事带来笑声，竟成为办公室里的"开心果"

刘晓成在办公室里非常受欢迎。他为人热情，和人聊天话题性十足，而且有一句口头禅时常挂在嘴边："还不错嘛！"这句口头禅常常使他的同事们在节奏紧张的工作中放松下来。

有一天，刘晓成的同事李杰气喘吁吁地冲进办公室，丢下皮包，重重地坐在办公椅上，然后气愤地拿了本书往脸上扇着风，说："今天真是要把我气死啊，我比平时早5分钟出门，结果今天公交车上人太多，挤得要命，每次一有人下车就得费半天时间，偏偏公交车司机还赶上了所有的红灯，我坐在车上是心急火燎啊，一下车就是一阵猛跑，好在8:28打卡成功，真是悬啊！"

"还不错嘛！"刘晓成的口头禅又冒了出来，"还不错，起码没迟到，公交车司机估计特意为你算好时间了，这不是还富余2分钟吗？"

李杰听了之后笑着说道："好吧，我就权当跑步减肥了。"

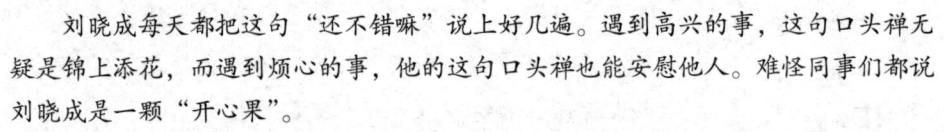

刘晓成每天都把这句"还不错嘛"说上好几遍。遇到高兴的事，这句口头禅无疑是锦上添花，而遇到烦心的事，他的这句口头禅也能安慰他人。难怪同事们都说刘晓成是一颗"开心果"。

口头禅也是一个人个性的展示窗口，我们可以通过一个人的口头禅来摸清其性格。

1. 好像，大概

这是一种模糊类的口头禅，语言模棱两可，比较圆滑。这类人自我防卫心比较重，不会轻易暴露自己的内心，在待人接物时较为沉着。

2. 我听说，据说是这样的

这种话是在给自己留有余地，说这类话的人一般见多识广，但决断力较差，喜欢听别人的意见。

第二章
见微知心：读懂对方一举一动，看透隐藏的千言万语

3. 你应该，你必须

这是一种命令式的口头禅，说这类话的人往往自信心较强，比较强势，希望别人能够无条件地顺从自己，一般出现在领导口中。如果不是领导所言，这种口头禅很容易引起别人的反感。当我们遇到这种口头禅时，不要多费口舌，只需尽力执行以赢得对方的信任。

4. 这个，嗯，啊

经常使用语气词的人大概分为两种性格，一种是反应较迟钝，词汇量较少，他们使用这些语气词做停顿，以便自己理清思路；另一种是性格严谨，思考较周全，在与这样的人交流时要给对方一些时间，使其思考充分。

5. 但是，不过

说这类口头禅的人看似接受别人的意见，其实喜欢为自己辩解，有些任性。但这样的人性格温和，不会断然地拒绝别人。在与这样的人交流时要注意倾听，并给予肯定的反馈。

6. 另外，还有

说这类口头禅的人往往思维比较敏捷，对周围的事物很好奇，但做事往往只有三分钟热度，无法坚持到底、善始善终。不过，这类人富有创新精神，经常迸发出一些奇思妙想，让人刮目相看。

7. 其实，是这样的

喜欢说具有强调意味的语气词的人，其个性一般比较固执，无法听取别人的意见，有些自负。这类人往往有着很强烈的自我表现欲望，说出这样的口头禅是为了引起别人的注意。在与这类人交流时，要尽量让他们多表达自己的观点。

> **沟通技巧**
>
> 口头禅是人们下意识的表达，同时也深刻地揭示了人们的性格特点。口头禅千变万化，反映的性格特点也是各有不同。只要我们掌握了常见的口头禅，了解了其代表的背后含义，就能通过这个窗口摸清对方的个性。

第三章

赞美温心：好话好说，真心的赞美让人如沐春风

> 赞美之词如一袭春雨，可以浇灌人们的心田，化解彼此之间的隔阂。高明的赞美能够让人如沐春风，而过度且低劣的赞美则让人心生厌恶。赞美一定要真诚，如果不真诚，再好的掩饰也藏不住虚伪和功利性。

第三章

赞美温心：好话好说，真心的赞美让人如沐春风

一、赞美其实很容易，说对方想听的

赞美的语言独具魅力，可以增进人与人之间的情感交流。赞美就像一首歌，奏出融洽、和谐的乐章；赞美就像一条清澈的河流，可以滋润人们的心窝。赞美更是一种动力，能够鼓舞和激励人们不断超越目标，实现自我价值。

每个人都爱听到别人的赞美，即使心里明白对方讲的可能是奉承话，还是免不了沾沾自喜，可以说这就是人性的弱点。因此，要想与人熟络，搞好关系，我们应该多说好话，说对方爱听的话。只要技巧得当，话语不过分，好话总会得人心。

学会赞美别人，既是为人处世的通行证，也是与人沟通的先决条件。在与人沟通时，恰当的赞美可以起到事半功倍的效果。

莎士比亚说过："人们的耳朵不能容纳忠言，而赞美却容易进去。"然而，虽然我们很清楚赞美之词的作用，很多时候却没有选准赞美点，结果适得其反。

案例 16 服装营业员没有找准赞美点，胡乱套用赞美之词气走顾客

刘璇在一家服装店做营业员，她深知女人皆有爱美之心，所以只要一见到女顾客，她总是非常热情地上前招呼道："哟，美女，看您这身材这么好，这衣服穿在您身上可真漂亮啊！"

对那些身材确实很好的女顾客来说，她的这句话就像给对方的心里灌了蜜似的，让对方非常开心。毫无疑问，刘璇用这种方法成功地卖了很多衣服。

但有一天，一位身材十分臃肿的中年妇女来到店里买衣服。那位妇女仔细挑了一件衣服，对着镜子比试了一下。

刘璇像往常一样，很热情地上前招呼道："哟！大姐，您这身材真好，这件衣服穿在您身上真是再合适不过了！"

"什么，我这身材还好？你是不是在挖苦我啊？！"那位妇女怒气冲冲地把衣服扔到刘璇怀里。刘璇这才发现自己说错话了，急忙道歉，但对方根本不理她，快步离开了。

在这个案例中，刘璇"拍马屁拍到了马蹄上"，不仅没能满足顾客的虚荣心，反而让其生气不已，她的这次赞美毫无疑问是失败的。

对方爱听什么我们就说什么，所以在赞美他人时一定要找准赞美点，知道对方真正想听的是什么。

那么，如何找准赞美点呢？

1. 赞美要情真意切

赞美对方时，我们一定要从实际情况出发。虽然每个人都喜欢听赞美的话，但并不是任何赞美都能使对方高兴，只有发自内心的赞美才能引起对方的好感。如果我们毫无根据地赞美对方，对方不仅会感到莫名其妙，还会反感。

2. 赞美要细致入微

赞美对方之前我们要先仔细观察对方，例如，某个女孩精心打扮，特地戴上了一副很特别的耳环，如果我们注意到这个细节，可以这样赞美她："你这副耳环真别致呀，在哪买的？"对方就会觉得我们很在意她，很关注她，在接下来的交往中就可以更友好地进行沟通了。

3. 赞美要注意分寸

赞美不能太过分，过分的赞美不仅会降低自己的人格，有谄媚的嫌疑，也会令对方反感。例如，我们见到一位女士就说："你真是太美了，简直是世界上最漂亮的女人！"这样的赞美会让对方觉得你的目的不纯，十分厌恶。

> **沟通技巧**
>
> 赞美其实很容易，只要我们情真意切，观察细致入微，从实际情况出发，找准对方的优点，把握合适的时机进行赞美，就可以获得对方的好感，因为没有人会不喜欢别人的赞美。

二、背后赞美，赞美更具真实感

俗话说"当面说的坏话不算坏话，背后说的好话才算好话。"因为当面与人交谈时，可能或多或少存在面子上的问题，为了照顾彼此的面子而说一些客套话甚至假话，而在背后时，面子的约束性降低，更容易让人说出一些真心话。因此，背后赞美他人比当面赞美更加有效，很多人就是因为背后说过某个人的优点，后来被那个人知道了，从此关系变得更融洽了。

一般来说，背后谈论某人的长短是非有些不地道。为人处世不能过于死板，有

第三章
赞美温心：好话好说，真心的赞美让人如沐春风

时软处理能够更好地解决问题，圆润人际关系，而背后的赞美便是一种典型的软处理方式。

背后称赞别人往往可以起到事半功倍的作用，如果我们希望与某人建立友好的关系，不妨多在背后赞美他。由于对方要听到我们背后的赞美需要经过第三方传递信息，而中立的第三方会增加对方对我们的信任度。当对方听到我们在背后赞美他时，会觉得这种赞美绝对是真诚的，没有功利性，自然会对我们产生好感。如果我们与对方之前产生过误会或矛盾，背后的赞美可能会消除误会或矛盾。

案例17 公司职员通过背后说同事的好话，成功化解与同事的矛盾

张连和李帆在同一家公司上班，两个人平时关系很好，但后来因为一件小事产生了隔阂，导致两个人过了很久都不再说话，一见面感觉也很尴尬。虽然双方都想做出改变，但由于自尊心从中作祟，谁也不好意思先开口。

一天，张连看到一篇关于背后说人好话的文章，于是想出一个好主意。他在与办公室其他同事闲聊时，说："其实李帆这个人挺好的，性格开朗，为人正直，待人热情，曾经多次帮过我的忙。要不是他帮助我，我也不会像现在这样，我内心里其实非常感谢他。"

同事都知道他们之间的矛盾，听到张连这样说，就暗地里把这件事情说给了李帆。听到这些话，李帆既感到很欣慰，又感到很愧疚，于是他找了个合适的机会主动和张连交谈，消除了之前的误会。从此以后，他们成了无话不谈的"铁哥们"。

背后多说别人的好话，对人际关系会起到意想不到的积极作用。背后赞美别人不仅可以改变他人对我们的看法，改善彼此的关系，还可以改变一件事情对我们的影响。例如，如果孩子听别人说自己的父母夸奖自己，就会觉得父母很关心自己，从而产生一种使命感，会更加积极向上；如果企业的领导在员工不在场的情况下夸奖他，员工就会觉得自己的价值被领导认可，从而对企业产生一种归属感，干劲更足。

人人都有那么一点儿虚荣心，喜欢听好话。来自社会或者他人的赞美能使一个人的自尊心和自信心得到极大的满足。背后的赞美是一种委婉而不留痕迹的赞美方式，可以传达出自己的真诚态度，使对方感到愉快，发自心底地喜欢我们，从而缩小彼此之间的心理距离。这样一来，与人沟通交流起来会顺畅许多，不知不觉间我们的人缘也会越来越好。

> **沟通技巧**
>
> 背后赞美别人往往能起到神奇的效果，如果我们之前与别人发生矛盾或者产生误解，不好意思主动当面解决，可以用背后赞美的方式来化解对方的心结，拉近彼此的心理距离，进而顺利地化解之前的矛盾，或者消除误会。

三、适时赞美，别让赞美过了保质期

赞美是一种对自我行为的积极反馈，而反馈必须及时才能更好地发挥作用。要想赞美别人，就要善于把握机会，在恰当的时机表达赞美，只有这样才能起到作用，否则就像过了时的服装一样，人们不仅不感兴趣，反而会很嫌弃。

在赞美他人时，要注意以下几点。

1. 顺势赞美

和别人聊天时，我们不能只顾着说自己想说的话，而要与对方进行互动式的交流。如果对方提起自己的荣誉或者得意之事，其内心其实是希望我们做出回应，与其一起分享喜悦的，这时对方已经做好了接受赞美的准备。所以，在这个时候我们要把所有的事情都停下，接过对方的话题顺势赞美一番，满足对方的心愿。

例如，对方拿出照片说："这是我今年五一假期去杭州西湖游玩时拍的照片。"我们这时就可以边看边赞叹："是嘛，这些照片拍得真漂亮！景美人更美……"假如我们接过照片很随意地看了一眼就还给了对方，一句话也没说，没有任何愉悦的表情，就会显得很不尊重对方，对方自然不会高兴。

其实，当我们真诚地表达出自己的感受时，对方立刻就会产生一种亲切感，从而迅速地拉近双方的心理距离。

2. 细心发现对方变化

除了顺势赞美对方以外，我们还可以细心地发现对方的变化，然后大胆地表达出来，对于好的变化，我们不要吝惜赞美之词。对方会感觉我们一直在关注他，从而觉得其在我们的心目中占有很重要的位置，满足其内心渴望受重视的虚荣心。

例如，同事或朋友穿了一件非常漂亮的裙

第三章
赞美温心：好话好说，真心的赞美让人如沐春风

子，在我们面前绕了一圈，这时我们可以对其进行赞美，不然就错过机会了。如果同事或朋友自己说出来："我的裙子似乎有点儿短……"这时再问："哦，你买新裙子啦？"这会让对方觉得我们对其很不关注。

因此，一个人穿了新衣服，换了新发型，有了好的新变化，其在内心深处非常希望受到别人的关注，并获得别人的赞美。

不过，有的时候对方出现的变化甚至还不如以前，作为朋友或同事到底要如何进行表达呢？这时表达一定要慎重，要知道一个人以新的形象出现在我们面前时，说明对方对自己的新形象充满自信，这时我们千万不要泼冷水，指出自己认为的不足之处，况且我们说的也不一定正确。因此，若对方的变化与我们的审美观不相符时，可以从别的角度来做一番正面的评价。

案例18　公司职员赞美领导穿运动服显年轻，领导高兴得步履生风

张震朗是一名公司职员，其领导50来岁，平时习惯穿正装，给人一种严肃、正直的感觉。

突然有一天，领导穿了一身运动服，而且颜色非常不好看。张震朗心想：要夸他穿得好看吧，说这话心里有点儿虚，因为这不是自己的真心话，可又不能对领导的这一变化视而不见。

张震朗思索了一会儿，认为领导这样穿一定有原因，或许他要参加一项体育活动，或者他想换个心情……于是张震朗对领导说："王经理，您这身运动服穿起来真显年轻！"这一句"真显年轻"说的是事实，领导听了也很高兴，走起路来更加轻快，显得更有活力了。

张震朗是个聪明人，他知道人和人之间的审美观大不相同，自己应当去发现其中的优点。当他觉得领导的衣服不好看时，发现领导穿运动服就是显得年轻，说到了领导的心坎上，所以领导很高兴。

总之，赞美也有保质期，要关注对方的变化，适时地表达，否则赞美就像过了期的罐头，不会提起对方的任何兴致。

> **沟通技巧**
>
> 赞美是有时间限制的，不要以为任何时候说出的赞美话语都会得到对方的认可和好感。如果不细心观察对方的变化并做出及时的称赞，往往会让对方觉得我们并不在乎他，即使过后称赞了，对方也会认为这是虚伪的。

四、赞美不要露痕迹，隐形赞美最受用

赞美的最高境界是不露痕迹的赞美。我们确实是在赞美对方，但对方丝毫没有觉察到，而是非常开心地享受我们的赞美之词。

人们在接受赞美的同时，尽管心里很高兴，其实有很多时候也在暗中对自己做出提醒，警惕赞美之人是否有所目的。一旦对方产生这样的怀疑，赞美的效果就会大打折扣。如果赞美不露痕迹，对方就会放松警惕，这样的赞美威力最大，最让人受用。

不露痕迹的赞美通常有三种表现形式。

1. 反制批评

反制批评是指当对方指责我们或者我们的亲朋好友时，我们可以巧妙应对，不露痕迹地赞美对方，缓和对方的情绪，改善双方之间的关系。

案例19 弟弟在学校惹事不认错，哥哥称赞对方家长教子有方终获原谅

张昊的弟弟在学校闯了祸，不好好读书，影响同学上课，竟然还把同学的作业本撕了，同学的家长要求张昊的弟弟道歉。由于张昊的弟弟性格傲慢，就是不承认错误，于是张昊决定先去处理一下。

张昊见到那位同学家长后立即向其道歉："我弟弟挺任性的，这不仅怪我父母常年做生意管教不严，还怪我对他关心不够，忽视了对他的教育。在此，我向您深表歉意！在这方面您做得很好，听说您儿子在学校学习很好，还经常热心帮助其他同学，深受老师和同学们的喜欢。看得出来，您真是教子有方啊，真该向您学习啊！"

对方听完张昊的这番话，情绪渐渐地缓和了下来，说："其实这件事我儿子也有不对的地方，但你弟弟不该扰乱课堂秩序，影响其他同学学习。算了，这件事就到此为止吧，你回家后要好好教育一下你弟弟。"

在这个案例中，张昊先是承认错误，批评自己，没有激化对方的不满情绪，然后夸赞对方教子有方，其愤怒情绪也就慢慢消退了。

2. 赞美他的行为而非个人

人都有自知之明，假如我们刻意地赞美对方本人，对方很有可能会觉得我们说的话不太真实。这时不妨称赞一下对方的某种行为，例如，厨师

做的菜特别好吃，就可以这样称赞："您是××餐厅的主厨吧？我最近迷上了你做的饭，一周得去吃三回！"

3. 透过第三方表达赞美

如果对方是经由他人间接地听到我们的称赞，比直接告诉本人更多了一份惊喜。这样的赞美显得更加真实，也更能打动人。

> **沟通技巧**
>
> 假如表达赞美不恰当，显得刻意为之，则有谄媚之嫌。如果能够不露痕迹地表达赞美，使对方觉察不出，并让对方受用，便比当面赞美强得多。对方会感到十分高兴，并对称赞者更有好感。

五、赞美不重样，有创意才能让人耳目一新

赞美要有新意，如果拿模板随便一套，就成了陈词滥调，不仅效果大打折扣，还会让人心生反感。与之相反，新颖独特的赞美之词更会让人耳目一新，更显出用心与真诚。

那么，怎样将赞美说出新意呢？

1. 寻找新的赞美点

很多情况下，千篇一律的赞美之词并不符合被赞美者的真实情况。我们赞美对方时要注意发掘新的赞美点，多观察对方的周边事物。我们赞美的并不一定要求是他本人，可以是他喜爱或者热衷的事物，这样也就间接地赞美了他本人。

例如，当到某个朋友家做客时，与其夸奖朋友，还不如夸奖朋友房间的布置或者屋子里的某件东西。另外，我们还可以赞美他人的兴趣爱好。如果对方喜欢小说，不妨赞美他的文学欣赏能力；如果对方喜欢养小宠物，不妨赞美他养的宠物。

除了兴趣点之外，我们还可以赞美对方身上一些不太起眼的优点，也可以获得不错的效果。如果我们称赞对方最突出的优点，或许他早已经听别人称赞无数遍了，这样的称赞已经毫无新意，无异于隔靴搔痒，无法触动他的心。然而，对方存在的一些不起眼的优点可能并未被别人发现，如果针对那个小小的优点进行赞美，对方就会感觉获得了一份意外的惊喜，从而感受深刻，并对我们的洞察力颇为欣赏。

2. 赞美的语言要新颖别致

除了赞美点有所不同以外,赞美的语言也应该与众不同。新颖别致的语言有着巨大的魅力,能够给人留下深刻的印象,带来清爽舒心的感觉,就如一丝春风袭面,令人心神荡漾。能够说出这样的赞美之词的人,会充分显示自己的才能,让被赞美者更愉快地接受。

3. 先抑后扬

先抑后扬是一种独特的表达方式,能够制造极大的心理落差,而且心理落差越大,之后获得的愉悦感就越多。虽然这种赞美方式像一着险棋,但比直接夸赞某人显得更有分量,更令人印象深刻。

案例20 业务员说客户同行对其恨到牙痒,本来无动于衷的客户大吃一惊

王道琨是一家公司的老总,在他的带领下,公司业绩不断提升,公司发展迅速,使同行们视其为最大的敌人。由于公司具有强大的实力,想要和他合作的客户也越来越多。但由于他性格上有些孤傲,与人打交道时比较冷淡,导致很多客户无功而返。

有一次,广告公司的张贤允要去拜访王道琨。他刚去的时候内心十分忐忑,简单打过招呼后,王道琨果然不再多说话,这让张贤允非常尴尬。过了一会儿,张贤允说出一句话:"王总,您还不知道吧,我跟咱们行内的很多公司打过交道,他们的老总可都恨您恨得牙痒痒啊!"

王道琨听到这句话,吃了一惊,不再不理张贤允,疑惑地问道:"恨我?不会吧?我哪里得罪过他们了?"

张贤允笑着解释道:"您看来确实不太清楚这件事。您想啊,您在这两年推出很多系列产品,推广活动办得非常成功,每一次都让人觉得出乎意料,但效果惊人。其他几家公司的老总都不知道您的策略是什么,眼睁睁看着您蚕食市场份额而不知道如何反击,当然恨您啦!"

王道琨听完张贤允的话以后哈哈大笑,对待张贤允的态度也温和了许多,还和张贤允聊起了成功运作产品的经验,分享他的心得体会。最后,当张贤允离开办公室时,文件夹里多了一份合作意向书。

张贤允就是采用先抑后扬的方式,使客户先经历了极大的心理落差,然后点出

第三章
赞美温心：好话好说，真心的赞美让人如沐春风

对方的得意之事，一前一后的心理对比自然使其非常受用。

要记住，中规中矩的赞美并不一定能获得良好的效果，说出新意才能说出心意，从而使赞美深入人心。

> **沟通技巧**
>
> 一旦重复使用赞美之词，对方只能感受到敷衍和不耐烦。要想表现出真诚，打动对方的心，就要多动脑子，想出一些具有新意的赞美之词，换一种角度进行赞美，从而使对方更加愉悦地接受我们的话，对我们更有好感。

六、赞美≠献媚，夸人要让人舒服

人人都喜欢听赞美的话，但不一定所有赞美的话都能让人喜欢。赞美别人时要分场合和对象，语言恰当，否则赞美话说得再多也不可能达到赞美的效果。

我们在赞美他人时要展现出自己的真诚态度，如果只是为了赞美而赞美，全然不顾是否符合对方，很有可能说错话，这在对方看来是非常明显的谄媚行为。不仅如此，过分的赞美也会变成阿谀奉承。夸奖或赞美一个人时，有时稍微夸张一点儿可以将自己的赞美之情表达得更充分，别人也会乐意接受。但如果过分夸张，赞美就脱离了实际情况，缺乏真诚。

例如，朋友厨艺不错，我们对他说："你做的饭菜是全世界最好吃的。"这种赞美因为过度夸张，一听就知道是虚假的，朋友一般一笑置之。我们可以这样说："你这道菜做得真不错，色香味俱全，我嘴里都开始流口水了，忍不住想吃。"朋友听了就会很高兴，说不定一时兴起再为我们炒上一道菜。

不过，就算是切合实际的赞美，假如过量，赞美本身的魅力也会大打折扣。

案例 21 保险销售员用赞美打开话题，竟让话题越来越远收不回来

王洛是一名保险销售员，来到一家公司为其老板推销保险。进入办公室后，他很快就对这位年轻的老板表达了自己的赞美之情："您这么年轻就当上了老板，可真了不起！请问您是从何时开始工作的？"

"18岁。"

"18岁！天啊，您可真了不起！大多数人在18岁的时候还在父母面前要吃要喝呢！那您是从什么时候开始当老板的呢？"

"两年前吧。"

"您才做了两年的老板就这么有气度了,一般人还真没法达到您这个程度。对了,您为什么这么早就出来工作呢?"

"因为家里很穷,我还有一个妹妹,为了让她上学,我就出来工作了。"

"您妹妹也很厉害呀,你们一家人都很了不起。"

王洛与老板一直聊到了老板的远房表亲的话题。王洛一直在赞美,但话题越说越远。其实老板本来一开始打算买王洛的保险,但最后丧失了购买保险的兴趣。

后来王洛才知道,原来那天自己的赞美之词太多了。本来刚开始那位老板听到几句赞美的话之后心里很舒服,可是他说得太多了,老板慢慢变得不耐烦了,所以打消了购买保险的念头。

真诚和关心的话语能让人感到温暖,而带着功利性的赞美之词则让人心里不舒服,觉得赞美者另有所图。

赞美他人是一门艺术,看似很简单,其实生活中能够恰到好处地运用赞美技巧的人并不多。赞美要适当,否则容易被人当成阿谀奉承,令人心生厌烦。

那么,适当的赞美技巧有哪些呢?

1. 要赞美他人的独特优点

不要自认为说的是对方的好话就可以打动人,如果这些好话没有切合对方的心理,终究会碰壁。因此,我们要针对他人的独特优点进行赞美。例如,我们想要赞美一个外貌很一般的女子,如果夸她长得如花似玉,美若天仙,她很有可能心生反感,认为我们很虚伪。如果着眼于她的独特优点,如她的服饰或者口才等,她一般会特别高兴,感觉很受用。

2. 赞美要有重点,不可含糊

赞美的理由充分而专业,形象而具体,可信度就比较高,而含糊其词的赞美让人觉得空泛,没有诚意。因此,赞美得越具体,就说明我们对对方越了解,对其优点更重视。

3. 赞美要看准时机

赞美要看准时机,当看到对方存在可以赞美的具体要点时,就要抓住时机合理赞美。例如,在交谈过程中,如果对方谈到自己的得意之事,说明对方渴望与我们分享他的喜悦,准备接受我们的赞美之词。别人生日、新婚或是乔迁新居时,一定要及时表示自己的祝贺,这是一个真诚赞美的好时机。

赞美温心：好话好说，真心的赞美让人如沐春风

4. 赞美的话要有个性

赞美的话要有个性，不能人云亦云，如果不能让被称赞者耳目一新，其心中的戒备就不会消失，赞美的话就不会有什么突出的效果。

总之，恰如其分、点到为止的赞美才能有真正的效果。使用过多的华丽辞藻，过度恭维，空洞吹捧，只会使对方感到不舒服，不自在，甚至让人肉麻、厌恶，其结果只能适得其反。

> **沟通技巧**
>
> 人们做任何事情都怀有一定的目的，当对方听到我们的赞美之词时，心里会下意识地怀疑我们赞美他的真实目的。因此，我们一定不要过度赞美，而要说出独特优点，点到为止，守住赞美的那一点美好感受。

七、放低自己，是对人的一种高级赞美

放低自己，其实就是抬高别人。日常生活和工作中，我们经常会看到这种情况：当有人做自我批评时，会让人觉得他诚实可信，从而赢得大家的同情和支持。

之所以会产生这样的效果，是因为当我们选择放低自己时，就把对方抬到了高处，对方就会觉得我们特别谦虚真诚，从而对我们更有好感。

例如，在适当的场合，我们可以谦虚地说"这方面我可不如你……""我要是能像你一样……就好了。""你学得挺快啊，我怎么就学不会呢？""你的厨艺真不错，这些饭菜太好吃了！这道菜我怎么也做不好，你赶紧给我讲讲是怎么做的吧……"

如果采用上面的表达方式，哪怕自己不善言辞，不会用华丽的辞藻赞美别人，也可以达到赞美他人的目的。把对方与自己做具体的比较，并有意识地放低自己的身段，对方就会因被人高捧而产生优越感，心中自然很高兴。

案例 22　邻居称自己不如新住户爱学习，新住户高兴得对其热情招待

林铮最近乔迁新居，在收拾屋子时忙得不亦乐乎。李香雨看到自己有了一个新邻居，打算前去拜访，便于将来邻里之间能够和谐相处。

当她来到林铮家里时，林铮还在忙着整理家具。她看了看屋角的书柜，马上赞叹地说道："哇，原来你有这么多书啊！看来你是一个爱好学习的人啊，我就不如你，家里总共就几本书，也没有读书的习惯。"

林铮停下手里的活儿，客气地说："你真是谦虚了。我只是把它们当作装饰品，其实不怎么看的。对了，你在这儿住了多久了？"

"我在这里住了5年了。之前的邻居都不好说话，好不容易盼来了一个容易相处的人啊，真是太开心了！"

林铮听了心里乐滋滋的，忙对她说："以后多多关照，来，喝杯茶吧！"

由此可见，放低自己是一种谦虚的表现，可以让他人敞开心扉和我们交谈。谦虚意味着尊重对方，它是人际关系的润滑剂。

假如我们在某些方面比较出色，身上笼罩着的光环会让周围的人黯淡无光，所以我们要更加注意自己的言行，千万不要在无关紧要的小事上争强好胜，以免遭到他人的忌妒。谦虚和适当地露怯可以消除别人的敌意，使自己更受欢迎。

总之，放低自己也是一种赞美。在和别人聊天的时候，不妨适当地表现出自己的不完美，指出自己和对方的差距，或者坦陈自己的失败经历，以此作为话题来增强对方的优越感，提升其自尊心，对方就会以更宽容的态度接纳我们。

> **沟通技巧**
>
> 放低自己，说出自己与对方的差距，或者说出自己的失败之处，以使对方感受到优越感。这是一种高级的赞美方式，看似委婉却威力巨大，能够使对方在提升自尊心的同时对我们产生更多的好感，改善彼此之间的关系。

第四章

委婉润心：顾及对方颜面，批评和拒绝不失人心

自尊是一个人内心的"护城河"，自尊受到伤害，情绪就会大乱。拒绝和批评似乎总是与伤害别人挂钩，但我们不能对其有所偏见。只要我们运用合理的方法，委婉地表达自己的意见，不管是拒绝对方还是批评对方，对方在接受我们意见的同时，自尊心也不会受到伤害。

一、贬低自己，降低对方请求的期待值

与人交往的过程中，我们可能会遇到很多寻求帮助或者受邀前去参加某项活动的情况。然而，很多时候我们没有能力帮助对方，或者有些活动是既没有实际意义又浪费时间与精力的，我们想要拒绝，又怕驳了对方的面子，这时可以采用自我贬低的方法。

经常用到"自我贬低法"的场合主要有三种。

1. 遇到不想做的事

当遇到不想做的事情时，有些人会用"我不会呀"或"我对这方面不擅长"等理由巧妙地推掉这些活动。

这类事情的具体反馈其实要看具体情况，如果是与自己毫无关系的活动，不想参加可以推托；如果涉及公司集体活动，最好不要找借口推托，否则会给领导留下懒惰或者不合群的印象。

2. 拒绝他人的请求

当别人请求我们的帮助时，我们很难直接拒绝别人，这时便可以用"我很想帮你，但我自己也没有那个能力"来委婉拒绝。

案例 23 朋友请求帮忙翻译日语，她以日语能力早已生疏为由委婉拒绝

张攀梅毕业之后进了一家广告公司。有一天，她接到朋友刘芸的电话："小梅，我有个事儿想拜托你一下。"

"什么事啊？"

"我男朋友在做销售，最近与一名日本客户洽谈，这名客户有意向买一批货，但传真过来的说明书上全是日文。我男朋友不懂日语，正巧你是学日语的，你能不能帮他翻译一下？"

张攀梅很清楚，专业说明书的翻译可不是那么简单的，而且自己最近工作很忙。仔细考虑以后，她非常客气地说："我不是不想帮忙，但是产品说明书的翻译工作要求很高，应该只有商务日语专业的人才能看懂。我在大学时学的不是专业日语，只是普通日语，顶多做个日常交流，看看小短文什么的，而且我工作以后也没有用过日语，现在早就把它还给课本了，我要是这样帮助你们会出大错误的，这毕竟是你

男朋友的一个重要客户，马虎不得啊！"

刘芸说："你就别谦虚了，我听说你在大学时候可是班里最优秀的，你应该有这个能力吧？"

"可我现在几乎没信心，要是以前我还可以试试，但这段时间公司经常加班，我急着赶一个策划书，忙得一塌糊涂，现在一看文件就头疼。你男朋友的文件很重要，我建议还是找翻译公司做比较合适，以免耽误事儿。"

刘芸想了想，说道："嗯，也是，专业翻译确实不好做，那就让他交给翻译公司做好了。你也别太累了，注意休息啊！"

3. 有意降低自己在他人心目中的期望值

当他人对我们的期待很高时，我们自然很高兴，觉得自己的能力得到了认可。不过压力也会随之而来，万一失败，他人的期待就落了空，会产生极大的心理落差，对我们就会有很深的失望感。

借自己的无能为力来降低期望值，万一将来失败，自己的评价也不会太差，而如果成功，反而会得到更高的肯定。

自我贬低是一种特殊的拒绝形式，表示自己因为无能为力而做不到，以掩盖自己实际上不愿为之的本意。不过，阐述自己无能为力的理由时，措辞一定要谨慎，表达要具备真实性，否则会被人怀疑。使用"自我贬低法"的次数不宜过多，不然真的会让人觉得自己"无能""不靠谱"，当自己有事需要别人帮忙时，被拒绝的概率也会大幅提高。

> **沟通技巧**
>
> 拒绝意味着自己不想参加或者帮忙，过于直接的拒绝会让人厌恶，容易给人留下不仗义、不热心的不良印象。因此，拒绝别人时要委婉，我们可以贬低自己的能力，降低对方的期望值。

二、拒绝不要直言不讳，巧用暗示让对方知难而退

拒绝是相当重要却又不太容易的一门学问，如果不懂得巧妙拒绝他人，人际关系很容易发生冲突。那么，如何做到拒绝别人又不伤害别人呢？巧用暗示便是一个不错的方法。现在介绍暗示的三种方法。

1. 转移话题

如果对方提出请求，我们可以采用答非所问的方式，暗示对方我们对其提出的话题不感兴趣，从而使其知难而退。

例如，周末我们与某个朋友一起玩，他希望我们下个周末还陪他出去，而我们早就安排好了行程，这时我们就可以说："今天时间不早了，周末玩得太累会影响工作的，我该回去休息了。"这句话就是暗示对方："我并不打算在周末的时候和你一起出去。"对方明白我们话里的拒绝含义之后也就不会再勉强我们了。

案例 24　公司文员通过转移话题婉拒男士，使其主动断绝往来

王晓凡是一家公司的文员，在一次朋友聚会上认识了一位男士，两个人互留了联系方式，每天都聊天。一开始的时候，两人相处得还不错，但王晓凡很快就发觉两人性格不合，打算断绝和对方的往来。

有一天，约会结束临分别时，那名男士对王晓凡说："下周末我们还去郊外钓鱼怎么样？"

"下周我一直都要上班，周末也是。"

男士有点儿失望，但还是很大度地提议道："那就再下周吧？"

"到时候再说吧，最近总是周末出去玩，我周一上班都没什么精神，我要回去休息了。"说着，王晓凡还佯装打了一个哈欠。

这位男士马上意识到了王晓凡的意思，从那天起就几乎不和她联系了。

2. 借口推辞

我们不想做某件事，但又碍于面子不能直接拒绝，不妨找一个合理的借口推托这件事。例如，朋友请我们吃饭，席间要求我们帮他做一些事情，但我们知道自己做不到，可是毕竟又吃了这顿饭，欠了对方的人情。这时可以这样说："真不好意思，我也想帮你，但我已经调职了，恐怕帮不了你。"这样一来，对方既知道我们在拒绝他，又不会觉得没面子。

3. 拖延回答

既然直接的拒绝可能伤害对方，不如采取拖延时间的方式，让对方慢慢感觉到拒绝。等待是一件十分耗费精力的事情，我们拖延的时间久了，这就表明我们内心对请求之事的抵触与拒绝，对方自然就不再纠缠。

第四章
委婉润心：顾及对方颜面，批评和拒绝不失人心

> **沟通技巧**
>
> 直接拒绝容易驳了对方的面子，不利于以后的人际交往。巧用暗示拒绝，既能传达拒绝的意图，又能避免伤害对方的自尊心，对方自然不会怪罪我们，反而会对我们更有好感。

三、拒绝也要全颜面，搭好台阶给人下

日常的人际交往中，如果我们有能力，热情地帮助别人自然是应该的。但如果遇到无能为力的事情，就要学会拒绝。如果直截了当地拒绝，寻求帮助的人会感受到巨大的失落与尴尬。因此，拒绝时我们要给对方搭一个台阶，留足面子，对方自然会保留对我们的好感。

搭台阶的方法主要有三种。

1. 请人转告

当别人有求于我们，而我们又不好当面拒绝时，可以选择第三方作为中介，巧妙地转达拒绝。例如，一位朋友邀请我们参加他的生日宴会，但我们得知宴会上还会出现一个我们非常不想见到的人，于是想拒绝参加宴会，但又不想让朋友不高兴。这种情况下，我们就可以找一个共同的朋友，请其带上我们要送给朋友的礼物，并向朋友转达我们无法参加宴会的歉意。

2. 另指出路

当我们对朋友的要求感到力不从心或者不乐意接受时，可以采用另指出路的办法解决问题，这样对方也会感觉到我们关心他的诚意。

案例 25 银行职员求老同学帮忙谋职，其巧妙婉拒后另指出路

张伟霞最近升了职，当上了银行人事处处长，然而很快她就感到头疼不已，因为很多人都登门来求她帮忙。

有一天，老同学来到她家，开门见山地说："我儿子大学毕业一年了，一直找不到合适的工作，所以来找老朋友想想办法。"

"他学的是什么专业？"张伟霞问。老同学把儿子的资料递给张伟霞，张伟霞看过资料后发现老同学儿子的专业不对口，且没有银行从业资格证书，明显不符合

要求,所以自己不能帮忙。但张伟霞也清楚自己不能直接拒绝。

于是,她说:"真是不巧,我们最近没有招聘计划,不过你别担心,我认识一个朋友,他那里似乎在招人。"

说完,张伟霞把朋友的联系方式交给老同学。虽然没有办成事,但老同学还是很感谢她。

不能帮助对方,不见得就不能给对方一个可行的建议。我们可以找到自己身边能帮助朋友的人,就算任何帮助都不能提供,也可以不断跟进,一直关注对方事情的进展。这种关心和关注对朋友来说也是一种安慰,能够减少拒绝带给其的伤害。

3. 另做选择

当朋友要求我们做某件事,而我们又偏巧不喜欢做这件事时,直接拒绝可能会伤害到对方,让对方误以为我们不尊重他。我们可以提出一个可靠的建议,使对方另做选择,这样即使拒绝对方,对方也不会感到难过。例如,周末的时候朋友想让我们陪他一起去某个地方游玩,可是工作一周了,我们很累,不想出去,我们就可建议朋友:"今天天气不怎么好,不如来我家坐坐吧,我刚买了一套最新的游戏软件,咱们一起玩玩吧!"

> **沟通技巧**
>
> 当别人有求我们时,如果我们无能为力,或者没有帮忙的心思,我们就可以委婉拒绝,同时给对方一个台阶下,保全对方的颜面。虽然没有帮上忙,但我们对朋友的关心和在乎仍能被朋友感受到。

四、先发制人,让对方无法开口请求

当我们有求于人时,害怕遭到拒绝,因此内心极度敏感,会不由自主地解读对方的神态和举动,内心揣度自己是否会得到帮助。我们拒绝别人时,正好可以充分利用人在有求于人时的这种敏感心理。

如果已经知道对方打算向我们请求帮助,而他还没有开口,这时我们可以先发制人,有意识地释放一些暗示拒绝意味的信号。由于对方比较敏感,一般会解读出我们的意思,知道不会得到帮助,也就不会再开口了。因为还没有正式提出请求,所以没有所谓的被驳面子的说法,而对方也会主动打消求助的念头。这便是预防式拒绝,而其中最典型的一种方式就是岔开话题。

第四章
委婉润心：顾及对方颜面，批评和拒绝不失人心

岔开话题，就是当对方快要提出请求的时候，及时把对方的话岔开，不谈正题，转移话题方向。由于我们不断岔开话题，哪怕对方再迟钝也会领会我们的想法，进而放弃向我们寻求帮助的念头。

案例 26 公司职员揣着明白装糊涂，通过转移话题使暗恋女同事知难而退

吴伟峰平时工作认真，长相俊朗，非常受同事欢迎。随着接触的时间不断增多，办公室的一名女同事逐渐对他产生了好感。

吴伟峰非常敏锐地觉察到了这一点。他对这名女同事并无爱慕之情，只是以平常同事关系对待。女同事难以忍受单独爱恋之苦，想要向他表白。吴伟峰肯定要拒绝，但又不想说破，毕竟在同一间办公室工作，伤了面子以后工作也会受到影响。

当女同事支支吾吾地对他说话时，他们之间发生了这样一段有趣的对话。

女同事："我问你，你知道……"

吴伟峰："我知道，最近几天公司要开一次特别重要的动员大会，而且选你当演讲人，真是恭喜你啊！"

女同事："难道你看不出来我很……"

吴伟峰："你很紧张，是吧？没事的，放松心情，多练习一下就好了。"

女同事："你就对我没有一些……"

吴伟峰："我对你有一些建议，我建议你在会议前一天抓紧练习，把演讲稿的关键词记牢，然后放松心态，把关键词串联起来就行了。临场发挥很重要。我对你还是很有信心的。"

女同事："嗯，谢谢，我会努力的。"

女同事最终泄气了，接受了吴伟峰对她的鼓励，之后也没有再对他表示过爱慕之情。

吴伟峰以揣着明白装糊涂的方式应对女同事，其实是对女同事的一种委婉拒绝。女同事也可以通过他的行为猜测到他的想法，从而不再坚持，而是顺着台阶下，也保留了自己的面子。

当我们拒绝别人而岔开话题时要注意，一定要清楚对方的真实想法和心理状态，这样才能知道在哪里岔开话题，岔开话题时还要把话说圆，状态自然。

> **沟通技巧**
>
> 只要提前知道对方要向我们求助,而且我们不想帮忙,为了不伤害对方,我们可以先发制人,采用预防式拒绝,如岔开话题。由于对方还没有开口就明白自己的请求不会得到满足,便会知难而退,同时也保护了自尊。

五、含蓄委婉保颜面,批评也可以很温柔

批评的目的是使他人改正错误,而不是发泄心中的怒火。遇到一些不合理的事情,人难免会生气,但要想合理地解决问题,方法很重要。

不合理的批评会使人无地自容,陷入一种十分难堪的局面,更有甚者会毁掉一个人。批评不一定非要严酷无情,我们在工作和生活中要学会巧妙地批评,含蓄而委婉,既能给对方保留颜面,也能够顺利解决问题,何乐而不为呢?

含蓄委婉的批评一般分为以下两种情况。

1. 暗示

暗示指的是委婉地借用其他语言形式言此及彼,在某句话中隐藏弦外之音,让被批评者自己悟出批评意见,从而印象深刻。使用这种批评方式,气氛和谐,更容易保护被批评者的自尊心,当对方理解话语的真实意思后,从而对我们产生感激之情。

暗示批评也有很多方式,如讲故事。人人都爱听故事,我们可以通过讲述一则通俗易懂的故事,让对方从中领悟到我们所要表达的批评意味。用故事作为媒介,既生动、形象,又增强了批评语言的感染力。

案例 27　某职员因过于热情被同事回避而苦恼,朋友讲故事使其认识错误

王晓晨为人热情,但是她的热情经常不分场合,没有限度,让人们透不过气来。因此,她的同事们开始渐渐回避与她交流。王晓晨很委屈,便对自己的一个好朋友诉苦:"我明明很热情,对他们也很和善,怎么大家都不喜欢我了呢?"

她的朋友听了整件事情的来龙去脉以后,便给她讲了一则故事:"有一位家庭妇女为了招待客人,准备了一大锅鲜美的汤。客人们喝完第一碗之后,都觉得这汤很好喝,纷纷称赞她的厨艺好。女主人觉得很有面子,又热情地为每一位客人盛了一大碗。所有客人又都喝完了。女主人问好喝不好喝,客人们都说很好喝。女主人又

第四章
委婉润心：顾及对方颜面，批评和拒绝不失人心

高兴地给每位客人盛了一大碗。客人们喝完这一碗之后都喝饱了，便说不再喝了。可女主人自己认为这只是客人的一种礼节，其实大家都还想接着喝，于是不由分说地再次为他们每人盛了一大碗。客人们真的喝不下去了，于是趁女主人回去盛汤的时候离开了。女主人盛汤回来后发现客人们都不见了，认为自己的热情没有被客人认可，便埋怨道：'我这么热情，这些人却不领情，真是可恶！'"

听完故事后，王晓晨终于知道了自己的错误。她这才明白热情并不是越多越好，也要有限度，才能让别人舒服。

除了讲故事，还可以通过讲笑话来暗示对方。笑话这一形式比故事更轻松，只要选择好笑话的题材和内容，使谈话充满幽默感，对方就不会在接受批评的时候感觉到尴尬，也就更容易接受我们的观点。

另外，以名人轶事进行暗示也可以取得不错的效果。名人是历史和社会造就的一代杰出英才，他们知识渊博，才华横溢，以名人的逸闻趣事进行暗示，能使被批评者在听取批评意见时有一种类比的心理自豪感，不觉得委屈，乐于接受且印象深刻。

2. 无声语言

除了通过巧妙说话进行暗示以外，还可以运用一些无声语言，悄无声息地指出对方的错误，从而使其发现并改正。这种情况下，批评就像暗号一样，双方之间心有领会即可，我们不用态度严苛，对方也不会丢面子，双方的关系仍然像以前一样友好。

无声语言也有很多种，最常见的便是体态语言。我们可以通过做出某些动作委婉地提出批评意见，这样既不会伤害对方的自尊，对方也会欣然接受。

案例28 签售会上某作家嘉宾举止怪异，竟是给签售会主角的"暗号"

张志龙是一位作家，对自己的作品精雕细琢，因此其作品屡屡登上文学期刊，供文学爱好者学习鉴赏。

有一次，一位作家举办签售会，在签售会上朗诵了文集的某一选段。张志龙作为特约嘉宾出席了这次签售会。他为参加这次签售会做了充分的准备，想要学习同行的优秀作品。刚开始的时候，当听到优秀片段时，他觉得这位作家文笔优美，用词准确，水平很高，可是越到后面他就越不安，如坐针毡，脸上显露出不悦的神色。

那位作家一直非常兴奋地进行着他的诵读表演，而张志龙却在座位上一会儿站起来，一会儿坐下，一会儿脱帽，一会儿戴帽子，这一奇怪的举动引起了那位作家的注意。

等签售会结束以后，那位作家询问张志龙："刚才我看到您一会儿坐下，一会儿站起来，一会儿戴帽子，一会儿又摘帽子，似乎坐立难安，是不是身体不舒服？还是太热了？"

张志龙摇了摇头，说道："不是太热，而是我有一见到熟人就脱帽致敬的习惯。刚才在阁下的杰作里看到了那么多的熟人，我就习惯性地一一脱帽致敬了。"

假如张志龙一开始就当众揭穿那位作家的抄袭行为，只会当众损害那位作家的名声，让对方下不来台，虽然一定程度上可以制止对方的抄袭行为，但也可能毁了那个人。他通过体态语言作为铺垫，事后用含蓄的方式委婉道出批评意见，既保留了对方面子，也给对方提供了一次改正的机会。

从根本上说，批评人就是在不伤害对方自尊的前提下使对方改正错误，因为人不能没有自尊，一旦自尊受到伤害，想要达到批评的目的几乎就不太可能了。

> **沟通技巧**
>
> 批评不一定如狂风暴雨，也可以如春风细雨，吹进人的心窝，滋润人的心田。通过话语以及体态语言的暗示，我们可以向对方传达批评的暗号，使对方在自尊不受到伤害的基础上改正自己的错误。

六、批评和赞美更配，欲抑先扬的说服力更强

俗话说"良药苦口利于病，忠言逆耳利于行。"批评就是"逆耳忠言"，尽管批评能够指出人的错误，指明改进的方向，但很多批评态度严厉，使人难以接受，无法达到预期效果。因此，批评他人的话语要包裹上一层柔和的"糖"，才不会让批评这剂良药因为过于苦口而被浪费。

采用欲抑先扬的方式进行批评，既能展现批评者的诚意，也能照顾到被批评者的心理和情感。对很多人来说，这样的批评应该是大家乐意接受的。

批评是一门艺术，该如何具体而有效地实施欲抑先扬的策略呢？我们可以运用"三明治法则"，也就是说，批评要分三步走。

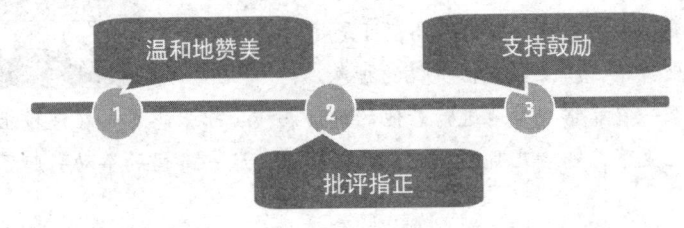

1. 温和地赞美
2. 批评指正
3. 支持鼓励

委婉润心：顾及对方颜面，批评和拒绝不失人心

采用"三明治法则"，将批评包裹在表扬和鼓励中间，既能把批评的话语传达给被批评者，而且还不会伤及被批评者的面子，又对他产生了积极向上的激励作用。

案例29 酒店主管用"三明治法则"批评员工，促使服务质量稳步提升

城市的繁华地段坐落着一家酒店，凡是前来入住的客人都对这家酒店的服务赞誉有加，说他们就好像回到自己家里一样轻松、惬意。其实，这家酒店的服务质量之所以这样高，是由于员工接受了领导对他们的良性批评而逐渐提高的。

由于是服务行业，为了让客人心情放松，前台服务人员需要时刻对前来登记的客人保持微笑，但时间一久，有些服务人员精神松懈了，在客人登记的时候板着脸。

监督工作的主管发现了这一情况，对前台员工说："你刚才接待客人入住时说话的方式很好，让人听了很舒服。如果你在说话的时候面带微笑，你的亲和力就更高了。看得出来你是下了苦功夫的，业务能力很熟练，我相信你，凭你的聪明劲儿，一定能够把这项工作做得越来越好。"

正是凭借这样的批评方式，这家酒店的员工与主管之间的关系一直非常融洽，员工们都能在自己的岗位上尽职尽责，有时出了问题不需主管多说，员工们就能自己改正。

将批评夹在赞美和鼓励之中，寓贬于褒，可以减少批评的负面效应，使被批评者从肯定和赞许中增强改正的信心，愉快地接受对自己的批评。

> **沟通技巧**
>
> 批评他人前最好先表达赞美，缓冲批评的冲击力，使被批评者在接受批评时不至于受到自尊的伤害。前有赞美，后有鼓励，有了批评又何妨？"改正自己的错误，增强前进的动力，以后会越来越好。"这会是被批评者的内心独白。

七、批评别人前先批评自己，用检讨自己换来对方改进

批评他人之前先自我批评，指出自己的错误，对方也会心甘情愿地承认错误，这是一种以退为进的批评方式。

很多人会觉得疑惑不解，明明要批评对方，为什么还要指出自己的错误呢？这时我们可以设身处地思考一下。假如我们被别人批评，是愿意单独被批评，还是和很

多人一起被批评？我想应该是后者。先展开自我批评，把自己与对方放在同一阵线上，对方的心理负担会减轻不少，从而缩小双方的心理距离，使其更容易接受批评。

案例 30　经理批评秘书时先自我批评，秘书很快低头认错

刘山逢最初在一家外贸公司做业务员，起初经常犯错误，后来凭借着艰苦不懈的努力，经历很多挫折和打击后终于当上了经理。

由于事务繁忙，之前的秘书又因为结婚辞职了，所以他又新招了一名秘书。这名秘书刚刚大学毕业，没有什么工作经验。

有一天，他发现这名秘书犯了一个错误，非常生气，想要批评他。可是，他突然想起了自己刚参加工作时经历过的挫折，对自己说："刘山逢啊刘山逢，你是这名秘书的上司，做事经验比他丰富得多，难道你觉得一个刚进入社会的大学毕业生可能会和你一样判断准确，眼界开阔？你自己大学毕业的时候还不如人家呢！"

仔细思考了一会儿之后，刘山逢发现这名秘书比当年的自己强多了。因此，他对秘书说："我发现你犯了一点儿小错误，刚开始还想生气，但我知道你比我当年强多了。在你这个年纪，我犯的错误简直是可笑至极！你的问题是经验太少，所以需要多多积累经验。我这不是批评你，只是如果你照这样做的话会更好。"

秘书低下头，对刘山逢说道："对不起，刘经理，我做错了，以后不会再犯同样的错误了。"

世界上没有完美的人，错误和失误说不准会在什么时候产生，如果我们把所有的时间和精力用在追究别人的错误和失误上，而不注重自我反省和自我批评，别人就很难接受我们的批评。要想顺利达到批评别人的目的，首先要做好自我批评。

> **沟通技巧**　自我批评呈现的是一种友好的态度，这会在第一时间给对方一些心理安慰。对方会认为他和我们处于同一阵营，从而更能包容我们的批评意见。

八、幽默语言让批评软着陆，将批评融入笑语中

与他人交往时，我们很有可能会发现对方的缺点，假如不及时指出，可能会因为这个错误而产生严重的后果，从而让我们十分内疚。因此，我们必须拿起批评的武器。由于人们普遍反感批评，为了使批评获得比较良好的效果，批评者就不能过

第四章
委婉润心：顾及对方颜面，批评和拒绝不失人心

于严肃，而要借助于幽默的力量。

每个人都有自尊心，即使犯了错误的人也是如此。幽默语言一般话不多，但轻松、诙谐，深寓哲理而启迪人的心智，使人顿时明白批评的含义。巧用幽默表达批评的含义，往往胜过其他的语言。

案例 31　中年女士幽默询问

一位中年女士和自己的丈夫报名参加了一个旅游团。旅途中，司机师傅并没有全心全意地开车，而是一只手握着方向盘，另一只手伸出车外，而且车速非常快。这种危险的行为令中年女士非常担心，于是对司机师傅说："年轻人，这个地方是不是经常下雨啊？"

"是啊，这里的天气说变就变，一会儿是大晴天，下一秒说不准就变成大雨天了，真像娃娃的脸啊！"司机师傅非常轻松地回答。

"哎呀，怪不得你总是把手放在窗外呢，原来是帮我们打探天气呢！放心吧，小伙子，你专心开车，我帮你盯着外边的天气呢！"

司机师傅听懂了中年女士的意思，也不禁笑了起来，同时赶紧将放在窗外的手收了回来。

司机师傅只用一只手开车非常危险，中年女士就算是严厉批评他也无可厚非，但她幽默地用下雨作为暗示，巧妙地传达了自己的意思。这种方式不仅给司机师傅留了面子，避免司机师傅情绪冲动，还通过误会制造了一个笑料，给大家带来了欢乐。

因此，我们为人处世时要多体会别人的感受，当我们批评他人时，最好不要生硬地将自己的不满直接表达出来，毕竟大多数人不会心甘情愿地接受他人的批评。人们在面对批评时可能会产生诸如焦急、担心、恐惧、敌视、懊悔不已等情绪。

不懂幽默、板起脸孔进行批评的人常常被认为不近人情，而幽默的方式往往能收到意想不到的效果。幽默就像一声鸟鸣，鸟鸣过后，人们被惊醒，但会惊讶于春的美丽……

不过，如果批评时过于幽默，很有可能让对方误会其中的意思，无法知道事情的严重性，从而达不到批评对方的目的。

案例32　经理用数字委婉批评职员喝酒误事，但职员故态复萌

王仲雷是某公司职员，喜欢喝酒，有一次酒后睡过头，没去上班。经理知道后很生气，但为了不伤害王仲雷的自尊，只是在他的办公桌上用一张纸条写下"七九五四"几个数字。

王仲雷上班时看到了这几个数字，不知道这是什么意思，就去请教经理的秘书。

秘书说："经理是说你'吃酒误事'。"于是，王仲雷在"七九五四"后面画上一只蝉，把纸条又递给了经理。经理看后笑道："孺子可教也。"

可是好景不长，王仲雷故态复萌，于是经理在蝉的尾部又画了一道白烟，把纸条又交给王仲雷。

王仲雷又问秘书，秘书说："前次经理怪你'吃酒误事'，你说你'知了'。现在你还是不知悔改，经理说你'知了个屁'。"

经理和职员在对待批评和被批评的问题上可谓幽默感十足，但是职员在被批评后不知悔改，这很大程度上是因为经理的批评严肃不足而诙谐有余，没有让职员认识到自身的错误。

总之，幽默批评的目的不在于幽默而在于批评，所以一定要让对方知道并反省自己的错误，并使其有决心改正错误，只有这样才能达到批评的目的。

> **沟通技巧**
>
> 批评不应总是严肃而苛刻的，也可以很幽默，在带来欢乐的同时使对方改正错误。不过，幽默批评要把握原则，不能只顾虑对方的自尊心而失去批评的灵魂。没有指出对方的错误，再幽默到最后也高兴不起来。

九、批评勿公开，损害对方颜面不是什么好事

人非圣贤，孰能无过？人难免会犯一些错误，面对过错，批评绝不是一件可以随心所欲的事情，如果想怎么批评就怎么批评，只会让对方产生厌恶心理，不断疏远我们。

一提到"批评"，人们往往会联想到让人丢面子、颐指气使等负面词汇。法国启蒙思想家伏尔泰曾说过："自尊心是个膨胀的气球，戳上一针就会发出大风暴来。"因此，即使对方犯了错，我们也要为他留住面子，这是避免社交风暴的最佳策略之一。每给别人留情面，就可能增加一个朋友；每驳别人一次面子，就可能增加一个

第四章
委婉润心：顾及对方颜面，批评和拒绝不失人心

敌人。

职场上，如果领导当着其他同事的面批评某位下属，对下属来说是一件非常伤心的事情。道理很简单，当着那么多人的面被骂，其在同事面前的形象一落千丈，丢尽了面子，心里怎么受得了？

批评下属的目的并不是要打击他，而是要他改正错误，不断进步。如果下属受到批评后变得萎靡不振，这说明批评的方法不恰当，起到了反作用。冷言冷语不会提高下属的工作积极性，把话讲得软一些，下属听起来受用，自然愿意努力工作。

批评下属时，首先要设想一个限度，否则批评只会适得其反。当我们指出别人缺点时，必须保持自我反省的心态和与对方一同背负过失的谦虚态度，让对方承认自己的缺点和错误。

其次，为了避免引起对方的逆反心理，最好批评前先给予表扬，然后再转入正题。表扬能防止对方因被指出缺点而产生难过和难以接受的情绪状态。

批评不是随时随地都可以的，而要讲究合适的时间和地点。对方也是有自尊心的，公共场合下遭到批评会让对方下不来台。批评最好选择私下的场合，尽量没有第三者在场。

案例33　公司老板习惯无情训斥下属，致使磨洋工和辞职事件层出不穷

某销售公司的李老板经常训斥下属，其声音高亢，表情狰狞，被训斥的下属往往低头不语，一脸沮丧，而其他下属也会鸦雀无声，不敢说一句话。

李老板每天都很忙碌，经常打电话联系业务。他的公司只有二十几个人，但等他签字的人经常在他桌子前排成一行。与他形成鲜明对比的是公司的七八个业务员，他们经常无聊地坐在办公桌前对着电脑发呆。

某业务员的朋友问道："为什么有的销售单子自己不做，非要推给老板？"业务员说："你以为我们不想做啊？可是有的销售单子难度太大，只要犯一点儿错，老板会当着所有同事的面把我们骂死，所以我们能不自己做主就不做主呗！"

正是因为老板的坏脾气，很多新去的业务员因为忍受不了而辞职不干了。

批评不应在公众场合进行，尤其是不要当着熟人的面，否则会使对方受到伤害，增加其心理负担，影响批评的效果。例如，妻子在客人面前批评丈夫，不论她说的话是否有道理，丈夫都会感到在客人面前丢了面子，甚至认为妻子是在通过羞辱他而达到自我满足，从而引起丈夫的公开对抗。

沟通心理学
为何你说话别人总不爱听

很多时候批评发生在角色地位不平等的双方之间，如领导对下属，老师对学生，家长对孩子等。这些情况下就可以公开指出对方的错误吗？当然不可以，即使这种情况下也应该维护对方的面子。

> **沟通技巧**
>
> 当我们想要向对方提出批评意见时，不管我们与对方的地位是否平等，都尽量避开公开场合，私下里批评，以免增加对方的心理负担，导致其产生逆反心理，最终影响批评的效果。

十、责骂不如激励，"糖"总比"鞭打"更受欢迎

坏习惯对人的影响是深刻而久远的，所以积极改掉坏习惯是很有必要的。不过，习惯是根深蒂固的一种情绪定势，要想改掉岂是轻而易举之事？因此，我们经常看到有人做出一些不争气的事情，把刚改掉的习惯又重新拾回来了。

开始听到改掉坏习惯的劝告时，人的心里还会有做出改变的动力，但失败次数一多，慢慢就会形成一套自我合理化的说法，最终放任自己的坏习惯持续下去。

为什么我们好心劝说别人，却得不到好的效果呢？

首先，我们从一开始就放错了重心，把主要精力放在告诉对方习惯如何不好上。由于人们存在逆反心理，所以我们越说这个习惯不好，对方就会越抵制。而且有时我们会在劝说对方改掉坏习惯时陷入误区，最终加剧其抵触情绪，导致其破罐子破摔，放任自己的坏习惯发展下去，并影响了双方之间的关系。

其次，可能是对方意志力不够，即使对方一时兴起答应改掉坏习惯，但时间一长也会慢慢忘记自己的承诺，最终又回到老路上。

面对这种情况，我们与其横眉冷对、大声训斥，不如用"糖"代替"鞭了"。要想改掉坏习惯，人们需要付出巨大的意志努力，所以激励比责备更合适。会说话的人懂得在说服别人改掉坏习惯时尊重别人的心理，用正确的激励方法说服他们。

在激励对方时，我们可以用到几种方法。

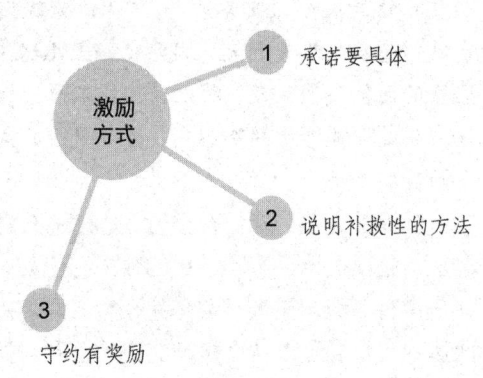

激励方式
1. 承诺要具体
2. 说明补救性的方法
3. 守约有奖励

第四章
委婉润心：顾及对方颜面，批评和拒绝不失人心

1. 承诺要具体

激励对方改掉坏毛病时，要让对方做出具体的承诺，且越具体越好，这样就能避免对方退缩时找借口，而且单纯地列出一些大而空的问题会让对方毫无头绪，不知道从何做起。越具体的承诺就越有实现的可能，对方也就越重视，这是劝人改掉坏习惯的重要原则。

改掉坏习惯是一个长期坚持的过程，这就好比跑马拉松，所以我们可以从跑马拉松获得启发。运动员是怎么跑马拉松的呢？他们总是把全程分成若干段，每一段路程都是一个小目标，把这些小目标逐个完成，最后也就完成了马拉松全程的目标。分解成小目标能减少大目标带给人的压力和恐惧，使人更加轻松地面对困难，最后走向成功的终点。

案例34　丈夫爱抽烟，妻子为其定下戒烟小目标后成功使其戒烟

在马伟婷眼里，她的老公哪儿都好，就是有一个爱吸烟的坏习惯。为了早日改掉老公的坏习惯，马伟婷可没少想办法。

最开始的时候，马伟婷一看到老公吸烟就会苦口婆心地跟他讲吸烟的各种危害，但每次他都是保证会改，时间长了就又抽烟了，还会背着马伟婷抽烟。因为戒烟这件事，马伟婷经常和老公吵架。

马伟婷为此苦恼不已，本来非常美满的婚姻，总不能因为这么一点儿小事就产生裂痕吧？后来她查阅资料学习说服技巧，又向朋友咨询方法，最后终于找到一个合适的办法。

有一天，马伟婷看到老公在抽烟，就对他说："老公，我以后再也不逼你戒烟了。要不这样吧，以后你每天少抽点儿，你现在一天能抽一盒，以后慢慢地变成每天抽半盒好不好？咱们先定一个小目标，先减它半盒。"

马伟婷的老公看到妻子这样说，不再像以前那样摆出一副不屈服的态度，而是痛快地答应了她的要求。就这样，过了半年多，马伟婷的老公终于成功戒烟了。

2. 说明补救性的方法

有些人的毅力不够坚强，说服这类人改掉坏习惯时，除了使其做出具体化的承诺外，还要说明补救性的方法，当对方出现违背承诺的事情时知道如何补救。

例如，当对方在减肥节食期间因为忍不住美食的诱惑而比平时饭量增加时，可以加大运动量来弥补。这种方法的根本原则是以另一种行为来惩罚、补救其错误，以此达到一种动态的平衡。

3. 守约有奖励

由于改掉坏习惯是一件非常艰难的事情，所以我们可以用一些额外的诱因来激励对方，而最好的激励诱因正是对方喜爱且沉迷其中的某件事情。

很多坏习惯无非是过度放纵自己引起的，如打游戏或者吃美食，如果适可而止也未尝不可，总不能为了改掉坏习惯而让对方一生隔绝游戏或者美食吧？一旦对方知道这样的结果，其改正的决心不就一下子被击垮了吗？

因此，当对方达成阶段目标后，应该适当奖励对方，这样的激励效果明显会更强。例如，对方痴迷于玩游戏，我们可以给对方设立一个规则，当他忍住多长时间不玩时，可以相应地按比例补偿一段时间来玩游戏，坚持的时间越长，玩得时间才能越长。切记，过分严格只会让对方精神紧张，松弛有度才是王道。

> **沟通技巧**
>
> 改掉坏习惯不是一件容易的事情，对方可能会重新回到老路上，对此我们不能责骂训斥，以免其产生逆反心理。我们可以为他定下小目标，并使其做出具体承诺，结合错后补救和守约奖励的方法，使其逐渐改掉根深蒂固的坏习惯。

第五章

解围宽心：临危不乱，用一颗从容的心妙语应对

人们在生活过程中难免会遇到尴尬或语言陷阱，这就要求我们善于保持一颗从容的心，放宽心态，然后机智地找到应对方法，从而帮助自己或他人脱离窘境，规避陷阱。善于解围的人充满智慧，懂得为他人着想，更易赢得好人缘。

一、对方别有用心，以其人之言还治其人之身

挑衅可能让人获得攻击的快感，当看到别人哑口无言，神态窘迫时，心中的成就感顿时增加了几倍，但这样的行为对人际关系是百害而无一利的。面对挑衅，我们是隐忍还是反击？有人说要忍，不要与小人计较；有人说要反击，让对方收敛一下。

面对挑衅，不能毫无底线地忍耐，如果对方挑衅过头了就要适当反击。语言是一种有力的武器，就像一把利剑，可以帮助我们披荆斩棘。当遇到挑衅者时，我们要做的不是义愤填膺、咆哮怒骂，而是保持平静，用巧妙的语言顺水推舟，以其人之道还治其人之身，将奚落语言回敬给对方。对方看到并未出现预期的情况而且自己被奚落，自然会灰溜溜地离开。

案例35　"毒舌"嘲笑舍友致气氛尴尬，舍友轻松反击使其"吃亏"

王蕾在宿舍无意间翻出了小时候的照片，正巧被宿舍的姐妹们看到了，于是几个人便围过来凑热闹，纷纷对照片中的王蕾发表评论。这时，班级里素有"毒舌"之称的刘倩也凑到跟前，盯着照片看。

有人好奇地指着一张照片问王蕾是什么时候拍的，只见照片中的王蕾长着一个胖嘟嘟的小圆脸，手捧着奖杯，面带灿烂的笑容。

王蕾不好意思地回答："那一次，我在作文比赛时获得了市一等奖，这是当时颁奖时拍的照片。"

"天哪，怪不得你平时喜欢写东西呢，原来你小时候就这么有才啊，不愧是个才女！"宿舍姐妹们纷纷夸奖王蕾。

王蕾和姐妹们正沉浸在愉快的气氛中，旁边传来一道不和谐的声音："算了吧，小时候聪明大了不一定聪明哦，有一句古话说得好，'小时了了，大未必佳！'"

大家一听就知道是"毒舌"刘倩，气氛顿时变得很尴尬。宿舍姐妹们谁都不说话了，担心两个人爆发激烈争吵。

不过，王蕾却带着一副轻松的表情，假装亲昵地走到刘倩旁边，对她说道："那看来你小的时候肯定比我聪明很多倍了！"说完转身坐下，宿舍姐妹们也纷纷捂嘴偷笑，气得刘倩转身就走了。

对于他人有意或无意的奚落、挖苦，一味地忍让只会让对方得寸进尺，变本加厉。因此，我们要进行有效回击，使对方自食恶果。

当然，将对方给的难堪抛还给对方也要有技巧。

第五章
解围宽心：临危不乱，用一颗从容的心妙语应对

1. 以退为进

如果对方提出刁钻的问题进行挑衅，我们一时之间无法回避，可以假装退却，然后诱导对方跟着我们的思路走，当他掉进我们的圈套后再回头进行反击。不过千万不要转移话题，这在对方眼中就是回避。

2. 将问题还给对方

对方挑衅时，不管我们如何回答，都有可能让对方抓住把柄。因此，我们不要正面回答，而是把问题抛回去。例如，一个人比较胖，吃东西比较多，同学聚会时有人嘲笑他："天哪，你怎么吃这么多啊？"这个人也知道对方用心不良，但又不能发脾气，所以强忍心里的愤怒，十分友好地反问对方："是啊，你想吃啊？赏给你一点儿要不要？"这样说既没有破坏聚会的氛围，也能化解自己被嘲笑的尴尬。

3. 后发制人

要想站稳脚跟，后发制人也是一种有效的方法。当对方向我们挑衅时，我们可以向对方的挑衅一直提问，由于对方也是有弱点的，当对方不能自圆其说时，我们就可以抓住对方话语中的漏洞，并将其无限放大，让对方无言以对。

对于他人的调侃，有效反击是一种高明的做法。有力的反击不仅能让对方哑口无言，还能证明自己的实力。当然，这些都离不开过硬的心理素质和高超的说话技巧。

反驳恶意责难时，语言可以多样化，或反唇相讥，或以牙还牙，或幽默风趣，总之不能让恶意责难者得逞。

> **沟通技巧**
> 当对方别有用心想方设法对我们进行言语的嘲笑和挑衅时，如果我们一直隐忍，只会让对方看轻我们。我们要做的是用语言巧妙反击，使对方搬起石头砸自己的脚。

二、遇到尴尬别慌张，幽默语言解窘境

每个人都有可能遇到窘境，左右为难，无能为力。有的人选择忍耐，有的人选择反抗，也有人选择逃避现实，但问题可能仍然没有得到解决。其实，灵活运用幽默技巧是解决此类问题的有效方法。说话高手遭遇尴尬、难堪等境况时，总是会非

常巧妙地运用幽默来调节气氛，化解尴尬。

美国心理学家保尔·麦基认为，幽默感对于人的社交能力的发展起着举足轻重的作用。懂得幽默的人总是会散发出一种独特的魅力磁场，吸引着周围的人。遇到尴尬情况时，懂幽默的人总是表现得不慌不忙，及时运用自己的机智和风趣化解尴尬，重新活跃谈话的气氛。

与他人一起参加集体活动、社交活动的时候，可能会有一些意想不到的事情发生。面对这种情况，风趣幽默者会冷静处理，尽量缓和气氛，以免造成更大的麻烦。幽默不仅能缓和紧张的气氛，而且能迅速、妥善地解决问题，帮助我们重新控制局面。

其实幽默是一种智慧，它在人们的交际活动中起着至关重要的作用。当我们遇到一些不得已的情况时，可以使用幽默语言巧妙地表达出自己的苦衷，在给别人带来欢笑的同时得到别人的体谅。

案例36　应邀演出的入座率太低，钢琴家通过故作神秘的幽默化解尴尬

一位刚出道不久的年轻钢琴家应邀到一个城市的体育馆演出。演出马上就要开始了，可台下的观众很少，几乎有一半的座位是空着的。看到这一情况，主办单位尴尬不已，连声向钢琴家道歉。

等到演出正式开始时，钢琴家从容大方地走到台前，看着台下的观众，神秘地说道："哦，我明白了，咱们这个城市的人都很富有啊！"

台下的观众不知道钢琴家的话是什么意思，都感到一头雾水。他接着说："数数体育馆的空座就知道了，在座的每个人都买了两三个座位啊！"

听了钢琴家的话，全场观众愣了一会儿便会心大笑，原本尴尬的气氛一下子轻松起来。钢琴家微笑着对观众点头致意之后，正式开始了自己的演奏。

我们不仅要学会运用幽默，还要懂得欣赏别人的幽默，让自己成为一个能被幽默感染的人。这样我们就能在谈话过程中感受到别人的幽默，从而一起活跃气氛，使交谈更加愉快。幽默应该是互动的，如果对方不乐而自己先笑出声来，这样的幽默其实是更大的尴尬。

幽默代表了一个人的乐观心态。一个人的心情是开朗还是阴霾，其决定权都在自己。当一件尴尬的事情发生时，如果我们悲观地对自己说："糟了，这下我可怎么下台啊？"那么，我们必然会为这次尴尬难受很长时间。但是，如果我们幽默地对其做出回应，并在内心里对自己说："没关系，下次一定不会比这次更糟糕了！"这样一来，我们还有什么心烦的呢？

尴尬的瞬间往往最能考验一个人的心态，只有在尴尬的氛围中依旧保持从容自

解围宽心：临危不乱，用一颗从容的心妙语应对

信的人，才能真正做到宠辱不惊，让自己的心境一直处于愉悦、平和的状态中。

有幽默感的人通常思路敏捷、反应迅速，无论在多么复杂的环境中，他们都能从容不迫、妙语连珠，而且总能凭借幽默的力量化险为夷，将自己从困窘中解脱出来。

> **沟通技巧**
>
> 平时的社交过程中，人们难免会遇到尴尬的事情，一个心态良好的人会用风趣幽默的语言为自己解除尴尬，摆脱窘境，使谈话重新回归到活跃的氛围中。

三、婉转掩饰对方缺点，给足对方面子

《菜根谭》里有一句话："人之短处，要曲为弥缝；如暴而扬之，是以短攻短。"人们都好面子，没有人愿意被别人当众指出自己的缺点。尽管面子问题是一种人性弱点，但假如我们处理得当，可以利用它帮助我们建立并维护人际关系。当看到对方的错误时，我们要婉转地为对方掩饰，只要对方有心，我们的行为会更有效地促使对方认识到自身的错误并加以改正。

案例37 业务员发现客户检验出错并未说出，最后客户抱歉地收回投诉

刘长兴是公司的一名业务员，有一天，他接到了投诉电话。客户非常生气地说："真不知道你们怎么搞的，我们收到的产品有一半以上不合格！先别供货了，这些不合格产品你们也要运回去！"

公司立刻派刘长兴赶往对方工厂了解情况。路上，刘长兴一直在思索解决这个问题的办法。到达工厂以后，他发现采购部主任和检验员的脸色都不太好，就好像准备和他大吵一架似的。

刘长兴刚开始有些紧张，但他暗示自己要镇定，然后走到卸货卡车旁，让对方继续卸货，想看看具体是什么情况。刘长兴对客户说："希望你们可以把不合格的产品与合格的产品区分开，我来看看具体情况。"

等到对方把产品区分开以后，刘长兴仔细看了一会儿，发现客户把检验规则弄错了。虽然发现了对方的错误，但刘长兴并没有提出反对意见，而是一直观察产品，并向对方询问材料不合格的理由。他也没有暗示对方检查错误，而是对他们说："希

望我们以后在送货时能够满足你们公司的要求。"

刘长兴自始至终都语气温和,以一种合作的态度请教对方,并让对方把不满意的地方指出来。对方的情绪慢慢地缓和下来,不再生气。谈话中,刘长兴偶尔小心地提几句,让对方明白哪些材料是合格的,但不会让对方认为是在故意为难他们。

过了一会儿,对方承认自身在这类材料的检验方面缺乏经验,并询问刘长兴与这类材料有关的问题,而且他们流露出对之前行为的歉意。当他们把全部材料重新检查了一遍以后,最终选择全部接受。就这样,刘长兴完美地处理了这次客户投诉事件。

刘长兴在知道对方检查方法有误后并没有当面指出其错误,而是巧妙地为对方掩饰,从而让对方更快地认识到自己的错误。

卡耐基曾说:"你的表情、声调和动作都在说对方犯了错,这与亲口告诉对方犯错有什么区别?但是你能够当面说出他的错误吗?绝对不可以!因为这样做会伤害对方的自尊、判断力和理智。这样一来,对方只会反击,并坚持自己的主张,即使用柏拉图或康德的理论去说服对方,他也不会改变主意。因为你已经伤害他了。"

假如有一天我们发现他人的缺点和过失,只要这个缺点或过失不影响双方的关系和利益,最好不要直接指出,更不能口出恶言,而应该为其掩饰,保全对方的颜面,对方反过来也会对我们心存感激,维护我们的利益。

> **沟通技巧**
>
> 发现别人的缺点或错误时,只要不影响彼此的关系和利益,我们应该巧妙地为其掩饰缺点,保全对方的面子,并婉转地使其认识到自己的错误,最后双方的关系会更牢固。

四、随机应变,化解因为名字引发的尴尬

自己的名字被别人叫错或者双方都叫不出对方的名字,经历过这种尴尬的人想必不在少数。如果遇到这种情况,我们应该如何应对呢?

1. 当自己的名字被叫错时

由于相似的名字非常多,难免会闹出一些张冠李戴的笑话。例如,一个叫王军的人进入一家公司,但在这个公司里有一位老同事叫张军,所以同事们经常把他叫成"张军"。遇到这样的情况当然很烦恼,但如果一声不吭,不理睬对方也是不可取的。那到底要如何做呢?

第五章
解围宽心：临危不乱，用一颗从容的心妙语应对

首先，我们应当忍住一时的气愤。一个经常跟自己碰面的人竟然不知道自己叫什么名字，这的确是一件不愉快的事情。不过，我们一定要大度，既然对方没记清楚，那我们干脆再报一次姓名就好了，如"我是王军呀！难怪你记不清楚，这个名字太普通，没有特点，不容易记住。"

要想记住一个人，除了名字以外，外貌特征也是关键点。很多人由于疏忽，没有记清对方的姓名和外貌，所以才会出现记错名字的事情。解决这类问题的办法就是将名字与外貌特征联系起来，从而记住对方的名字。

2. 当别人叫不出自己的名字时

遇到曾一起攀谈过的人时，我们正打算与其寒暄，发现对方记不起自己的名字了，这种尴尬情形也很常见。

例如，我们在一次工作聚会上遇到之前一起工作的同事，便很高兴地过去打招呼："李讯，想不到在这儿见到你了，你最近怎么样？"同事也高兴地回应，但当寒暄问候一番过后，他就显得有些局促不安，随便找了一个借口匆匆离开了。他之所以这样做，是因为他忘记了我们的名字，如果直截了当地问"请问您尊姓大名？"或说"您是哪位呢？"我们听到问话肯定心里很别扭。因此，当叫不出名字时，对方既不敢开口请教，又害怕被看穿真相，所以只好找借口脱身。

当遇到这种情况时，我们应当怎么回应呢？我们可以巧妙地把自己的名字夹在谈话中提示对方。例如，"我最近又碰到了之前在一起的同事，他们还和我提起了你呢。他们和以前一样喜欢开玩笑，我的名字中有个鸟字，他们当时开玩笑似的叫我'小鸟'。现在回想起来，当初多亏了你们提携我啊……"当听到提示后，对方可能就会比较安心，也记起了我们的名字，不至于打退堂鼓。

人难免会有忘记别人名字的时候，所以碰到这种情况时，我们应当体谅别人的处境，给对方一个台阶下。当然，我们也有可能想不起对方的名字，这时可以说"对不起，我能要您一张现在的名片吗？"等接过名片后再继续说："以后有机会，我就可以按照名片上的联系方式和你联系了……"有了名片，我们也就知道了对方的姓名，从而避免了不知如何称呼对方的尴尬。

73

> **沟通技巧**
>
> 当我们遇到对方叫不出自己的名字或者叫错名字的情形时，切不可对其不理不睬，而应该随机应变，通过巧妙的方式为其提示或更正，从而摆脱尴尬，使谈话继续下去。

五、解围他人尴尬，动嘴之劳轻松赚人心

日常生活中，我们经常会遇到他人遭遇尴尬和难堪的情况，只要关系好，我们不会眼睁睁看着别人在尴尬氛围中"度秒如年"。不过，如何挺身而出帮助他人解围很是考验一个人的应变能力。那么，面对他人的尴尬，我们有哪些比较适合的解围方法呢？

1. 寻找合适理由，给别人台阶

当对方遭遇尴尬时，给对方一个台阶，使其体面地摆脱尴尬，不仅可以展现自己随机应变的灵活性，也能体现出对朋友的关怀。假如我们与此人曾经发生过矛盾，这时的表现就可以体现出自己的大度和宽容胸怀。

案例38 职员为遭遇尴尬的同事成功解围，自此之后受到同事另眼相待

办公室的张星兰是一个性格直爽的人，在办公室人员调动期间，经理打算让她与刘若昀一起合作。张星兰一直认为刘若昀只是长得漂亮，根本没有办事能力，是一个彻头彻尾的花瓶。于是她说了一句："我是绝对不会和这种花瓶一起工作的。"

不料事情未如她所愿，公司没有听取她的意见，硬是把她和刘若昀安排在一起。其他同事当着刘若昀的面问她："你不是说刘若昀是花瓶，不和她一起工作吗？怎么你食言了？"

张星兰尴尬极了，不知道该怎样应答。这时，刘若昀在一旁帮忙解围道："她的确说过这句话，但只是开了一句玩笑而已，有人却故意放大了这句话，曲解了它的意思。我们现在一起共事不就是最好的解释吗？"

其他同事会心一笑，不再为难张星兰，张星兰也打心眼里佩服刘若昀了。

2. 顺势联想概念

在特定的社交场合中，某种语言或行为有着特定含义。面对不恰当的言行造成的尴尬局面，作为旁观者，我们可以顺势联想和引申，将造成尴尬局面的行为或结

果重新定义，或许就能够达到很好的效果。例如，客人不小心把碗打碎了，其很尴尬，我们就可以笑着说："没事，岁岁（碎碎）平安嘛"；筷子不小心落在地板上，我们可以说："真是吉祥如意的征兆啊，这是让我们处处快（筷）乐（落）啊！"

3. 不能帮忙，选择视而不见

当我们无法帮助对方解围时，最好视而不见，尤其是人数较少甚至只有我们与对方两者时，这样就可以使对方无所顾忌地处理这些意外，不会再觉得那么难堪了。

案例39　某人裤子开线很尴尬，好友佯装不知夸赞衣服很漂亮

王洛茜身材微胖，爱漂亮的她去朋友聚会的场合穿了一件比较瘦身的裤子。那天大家玩得都很开心，伴随着音乐的节奏欢快跳舞时，突然发觉裤子崩线了。她很尴尬，谨慎地看了看，幸好没人发觉她的这一情况。

于是她不再跳舞，而是安静地坐在一旁的沙发上，一边玩手机一边看着同伴玩耍。

许琳是王洛茜的小学同学，见她坐在沙发上一动不动，就走过来和她说话。王洛茜生怕她看到自己的裤子崩线，不敢乱动，忙说自己累了，想歇一会儿。

许琳直接叫了两杯饮料，说道："跳得很累吧，我也是呢，现在都出汗了，该补补水了。你这身衣服挺漂亮啊，在哪儿买的啊？"

就这样，许琳和王洛茜聊了很久，许琳没有提过王洛茜的裤子崩线的事情，但她通过王洛茜的神情举止早就意识到了，只是为了不让王洛茜太尴尬，装作不知道而已，这让王洛茜舒了一口气。

4. 善解人意，宽容待之

有的时候别人会因为无意间伤害到我们而感到羞愧万分，这时不妨以宽容的态度对待这件事，用温和或者幽默的语言展现自己的善解人意，消除对方的尴尬情绪。

> **沟通技巧**
>
> 人际交往中，面对他人遭遇的尴尬或难堪，我们最好挺身而出，带着善意和智慧去解围，灵活巧妙地帮助他人化解尴尬，从而创造出和谐的交际环境。

六、面对陷阱式提问，反向质疑绕开陷阱

陷阱从来没有摆在明面上的，对方想要给我们挖坑，更多的时候会使用非常微妙的提问来诱导我们掉入陷阱。

我们该怎样预防掉入陷阱呢？大家不妨采取"反向质疑"的思路。反向质疑有三种形式。

```
           反向调换顺序
                ↓
           反向质疑
          ↙       ↘
   反向追问前提    反向建构问题
```

1. 反向调换顺序

语句的顺序不同，整体或局部的含义就会发生重大变化，影响信息的接收。很多诱导性的陷阱都是通过别有用心地安排词句的顺序来"挖坑"的。例如，"他和你有矛盾"这句话，换一下顺序就变成"你和他有矛盾"，给人的感觉立刻就不一样了。

因此，当察觉对方说的话在某些地方不对劲时，不妨思索一下，把对方的说法换一换顺序，可能会让诱导性的陷阱露出原形。

2. 反向追问前提

某些人在问题中暗藏陷阱，话里有话，问题之中藏有错误的前提，如果不规避这一陷阱，不管怎样回答都会中了圈套。面对这种陷阱，我们要反向追问他的前提。例如，对方问"你说话这么不客气，心里一定很不高兴吧？"我们千万不要思索自己是不是心里不高兴，而是反问对方："哦？你觉得我说话不客气？那你心里肯定很脆弱吧？哎，真可怜啊！"

对方问的问题中包含着陷阱，如果我们对他话中的前提（即"说话这么不

第五章
解围宽心：临危不乱，用一颗从容的心妙语应对

客气"）不加以否定，而是把矛头集中于"心里一定很不高兴"，不管我们说自己高不高兴，对方都达到了目的，更加坚定"我们说话不客气"。这时，如果我们把矛头对准前提，提出反问，直击对方的弱处，就可以达到既规避语言陷阱，又做出反击的目的。

3. 反向建构问题

对方可能在向我们提问题时只问一方面的问题，而对另一方面闭口不提，有时就连他自己都没感觉到是在诱导我们走向陷阱。假如对方先入为主对我们产生了某种刻板印象，就会问一些与这种印象有关的问题来印证自己的看法。例如，他认为我们是一个内向的人，可能会问："为什么你觉得很难向人敞开心扉？"

为了避免被误导，我们需要反向建构问题，想一想对方如果提出反面问题，结论会有什么不一样的地方。例如，当对方提问"为什么你觉得很难向人敞开心扉"时，我们就应该把与自己外向有关的问题也思考一下，如"你做过的最疯狂的事情是什么"。思考这一问题的答案会有效避免陷入对方提问的关于内向性格的问题，从而客观评价自己。

诱导性问题有很多变形，会让人防不胜防。但是万变不离其宗，它们都是前提上出了问题。所以这个时候我们需要反向质疑，基本上就能使这些诱导性问题暗藏的陷阱无所遁形。

> **沟通技巧**
>
> 对方有时会在提问时为我们挖下陷阱，这些陷阱非常隐蔽，稍不注意我们就会掉入其中。因此，我们应该小心谨慎，接收对方的提问时先进行反向质疑，确认是否存在可疑之处，如果存在则灵活应对，避免吃亏。

七、遭遇尴尬拿自己"开涮"，自嘲营造愉悦氛围

自嘲属于幽默的一种形式，而且又被称为幽默的最高境界。一般来说，缺乏自信的人不敢使用自嘲的方法，因为自嘲需要以自信为基础，拿自身的失误、不足甚至生理缺陷来开玩笑，不对缺陷或错误遮遮掩掩，反而把它放大、夸张，然后巧妙地引申发挥、自圆其说，以获得一笑解尴尬的效果。假如一个人没有豁达、乐观、超脱、调侃的心态和胸怀，不可能自如地运用自嘲。

自嘲是一副不可多得的治疗尴尬的灵丹妙药。遇到尴尬时，不妨拿自己来"开涮"。除非我们指桑骂槐，否则一般不会讨人嫌。

适时适度地自嘲能够营造出宽松和谐的交谈气氛，使人感觉到浓浓的人情味，还可以体现出一个人的良好修养，展现个人的交际魅力，同时也能更有效地维护面子，平衡内心。

案例 40　开会时手机铃声大作，职员自嘲不熟悉新手机为自己解围

会议马上就要开始了，张晓程差点儿迟到，所以一入座就心急火燎地把自己刚买的手机调成了振动模式，直接装进了口袋。不料，就在领导讲话的时候，张晓程的手机却铃声大作。

这一阵铃声把领导的讲话硬生生地打断了，领导朝声音的来源望去。所有与会人员的目光都看向张晓程和他的新手机。张晓程面露尴尬之色，有些不知所措，看来自己刚才按错了手机模式。幸好他是一个急中生智的人，只见他马上笑着说："十分抱歉，这手机是我刚买的，还不太熟悉，所以我的操作让它显得像一个山寨机似的。"

他的自嘲为自己解了围，同事们乐得呵呵一笑，会议氛围重新回到正常状态，领导也没有和他计较，继续讲话。

自嘲是在自己尴尬的处境下，诙谐地为自己辩解的一种说话方法。在与他人相处的过程中，它能有效地协调自己与他人之间的紧张关系，张扬自己幽默风趣的个性。

为什么自嘲能收到很好的效果呢？

1. 自嘲展现出坦诚与直率

能够勇敢地自嘲，也是一个人心理成熟的标志。因为自嘲往往是无情地撕破自己的脸面，亮出自己的缺点。但恰恰因为这份坦诚，我们不仅挽回了尊严和面子，也展示了一种真诚的人格魅力。

2. 自嘲是化解尴尬的灵药

自嘲不仅是为自己解围，更重要的是让尴尬的氛围变得轻松。如果与自己一同交流的人身处尴尬的气氛中，肯定不会舒服，由于我们用自嘲化解了尴尬，缓和了气氛，等于也是给对方解围了，对方自然对我们的随机应变能力表示赞同，也会对我们的人格魅力表示欣赏。

3. 自嘲能带来轻松氛围

自嘲的良好效果很大程度上取决于它幽默的调侃。人们都不喜欢过于一本正经的人，往往更喜欢那些能够营造轻松氛围的人。因此，自嘲更容易给双方带来轻松和快乐，从而使对方更喜欢我们。

嘲笑，如果对象是他人，就会锐利如刀；如果嘲笑自己，却是拉近与对方心理距离的良药。自嘲是一种生活态度，一种心理调节方式，一种人生智慧的表现。生活中如果缺少了自嘲，人生也会少了许多乐趣。

> **沟通技巧**
>
> 遇到尴尬，气氛会变得让人难以忍受。如果懂得自嘲，用一两句无伤大雅的玩笑话活跃现场气氛，既能为自己解除尴尬，也能展现出个人的随机应变能力，用自己的个人魅力征服他人。

第六章

安慰暖心：言辞温柔而得体，不要好心办坏事

人生不会一直一帆风顺，难免会遇到挫折，经历失望和悲伤。当我们看到他人处于负面情绪时，一定要采用适当的方式安慰对方，切忌好心办坏事，火上浇油，以致伤害彼此的关系。

一、对方遭遇挫折，最令人安慰的是"我比你还惨"

世界上最好的安慰并不是告诉对方"一切都会好起来的"。试想，我们最为悲伤的时候，难道会愿意听一个人对我们说"没关系，一切都会好起来的，人生路还很长"这样的话吗？这是一个长辈对一个晚辈的指点，绝不是一个好朋友说出的劝慰。

与其那样说，不如摆出一副难过的神情说："哭什么，我比你还惨……"当对方寻求安慰时，我们要挺身而出帮助对方，与其一起面对困难或不幸，学会根据对方的心理活动，给予对方最贴心的安慰。这样一来我们就会得到对方的信赖，加深与对方的感情。

当别人向我们诉说其苦痛时，我们也会想起自己类似的经历。此时，应当寻找合适的时机和对方谈心，让其知道不是只有他经历过痛苦，我们经历的痛苦更深刻。我们说出的经历也许会给对方一些提示或启发，也许不会，但一定是一种心理安慰。

案例41　职员因恋情失败而伤悲，同事道出自己的痛苦过往帮其释怀

徐天汇刚参加工作，只要有问题就会请教女同事刘瑞红，慢慢地两人变得熟络起来，后来秘密地在一起了，经常在下班之后一起吃饭、看电影。徐天汇没有把自己的恋情告诉其他同事，因为办公室恋情一曝光肯定会影响到他们。不过恋情还是被办公室的人知道了。

徐天汇觉得同事知道了也无所谓，他总觉得自己和刘瑞红可以过得很幸福。可是刘瑞红觉得压力太大，索性直接对徐天汇表示，自己从来没有喜欢过他，和他分手了。

这件事让徐天汇变得非常消沉，工作热情消退。和他很要好的一位同事下班后约他吃饭，并要了两瓶酒，两人边吃边聊。同事并没有说什么安慰徐天汇的话，而是先讲了自己之前的一段感情经历，这段感情经历可比徐天汇的糟糕得多。这位同事曾经结过婚，后来离婚了，还有一个孩子，孩子由妻子抚养，自己曾因为心情不好，无心经营，致使公司破产，只好另谋他职。

最后，同事告诉徐天汇："感情不能强求，不属于自己的终会离开，属于自己的肯定还在等你到来，放弃不合适的才能等到那个合适的，不然就算和不合适的人在一起，以后还会经受更大的感情挫折。"

听完同事的话，徐天汇的心情好了很多，精神也重新振作了起来。

安慰并非都是鼓励性的语言，对别人的遭遇要感同身受，当别人身陷苦痛时，安慰他的窍门就是：讲点儿自己的悲惨事，告诉他许多人都为此事受过煎熬，这样的话语反而是带有治愈力的。

> **沟通技巧**
>
> 安慰是指抚平对方的心灵创伤，使其糟糕的心情恢复平静。人们难过一般是因为某些糟糕的事情，而因为人普遍具有比较心理和自我安慰心理，一旦发现别人比自己还惨，就会自我安慰，再加上别人的劝慰，一般就会释怀。

二、不要火上浇油，否则安慰就成了讽刺

一般来说，当人们心情低落时，需要他人的安慰，而一旦安慰不当，无异于火上浇油，使其更加意志消沉。

对于身处不幸中的人，最糟糕的安慰方法就是在安慰的同时再次提及不幸，这就犹如伤口上撒盐。例如，一位朋友的亲人去世，我们最好不要在他们面前提及死者，这样可以让他们暂时忘记那些无可挽回的不幸。曾经有心理学专家对死者家属做过一项调查，结果发现80%的人感到那些充满同情的安慰对自己根本没有任何帮助。其实减轻他们痛苦的最好方法是倾听他们诉说自己的想法，并为他们今后的生活做一些规划。

通常，人们在生病住院后会接收到很多人的安慰，所以当我们看望朋友时，可能他早就听腻了那些安慰的话，这时再讲那些千篇一律的安慰话就不再有效了。要知道病榻上的生活是枯燥无聊的，不妨给朋友讲一讲外面的新鲜事，或者讲讲小笑话，这些话题能使病人轻松、愉快，对他们而言也是最好的安慰。

朋友失恋了，最合适的做法就是帮助对方分析失恋对象的缺点，以使他的内心获得一些平衡。不过有人安慰他人时不分青红皂白，大声嚷嚷："你傻啊，你当初就不该和他在一起，他这是存心骗你，当初说爱你的那些话都是哄人的！""你难道不知道他是在利用你吗？"这种话多充满了嘲讽或者批评的意味，只会使失恋者伤心之余又多了一分酸楚和寒心。

安慰挨批评的人时，正确的方法是对他表示理解和同情。然而，有的人在安慰对方时不问是非曲直，在那里煽风点火、推波助澜。有的人说："经理这么做太不地道了，一定是你以前做过某件事让他怀恨在心了，他这是在报复你！""一定是办公室里有个小人把你出卖了！"就算这些话是为了迎合被安慰者的情绪而说的也于事

第六章
安慰暖心：言辞温柔而得体，不要好心办坏事

无补，反而会激化事态，况且很多人给予安慰的目的不纯，有的纯粹是无事生非、故意为之，这样的安慰更不可能起到积极的作用。

案例 42 职员因被同事疏远而苦恼，原来是因为安慰人时总是火上浇油

张香菱长得很漂亮，性格也很开朗，但她发现自己身边的同事越来越疏远自己，这让她非常困惑。

有一次，一位同事向她大吐苦水："这次年度升职名单还是没有我，我找王经理要说法去了，我明明业绩这么好，为什么还不给我升职？王经理让我别着急，以后还有机会。真是气死了，每天起早贪黑，图的是什么啊！"

张香菱知道这位同事迫切需要得到安慰，于是马上对她说："我特别理解你，你的心情我非常懂，说不定明年就轮到你了。"

那位同事听完这句话头也不回地就离开了，脸上好像充满不屑的神情。于是，张香菱成了那个需要安慰的人。她找到自己的好朋友，也是她的一位同事，向她诉苦："你说我好心安慰她，为什么我的安慰反倒不得好人心呢？"

朋友思索了一会儿，对她说："我这么说你可千万别难过，其实你在安慰人的时候总是火上浇油，安慰的话起到了反作用，当然让人难受了。就拿我之前向你诉苦的事情来说吧。那一次我在工作中被领导误解了，替同事背了黑锅，我委屈得要死，就找你诉苦，你怎么说的？"

张香菱惭愧地低下头说道："我当时说得确实有些不妥，我好像是说'这个领导不明是非，太缺德了，咱不伺候了，明天就不干了！'"

朋友说："是啊，听了你那句话我就觉得很难受。你安慰我的时候语气太冲动了，我就是和你吐吐槽，说出来就痛快了，你却给我火上浇油。要不是关系好，咱们俩估计就没联系了。不过你后来也给我道歉了，说明你其实认识到了自己的错误，希望你以后能更好地控制自己的言行，别胡乱安慰人了。"

听了朋友的话，张香菱欣慰地说："听了你的一席话，我心里就敞亮多了，起码知道自己为什么不受人欢迎了。你放心，以后我会注意的！"

总之，正确的安慰方式是引导对方将不合理的情绪宣泄出来或者转变对方的心态，而想当然地脱口而出的安慰话可能只是火上浇油，使对方的悲观情绪越来越多，最终导致无法收场。

> **沟通技巧**
>
> 　　需要安慰的人最需要一个情绪的宣泄口，只要我们能够认真倾听，让其吐槽抱怨，就会把不良情绪发泄出来，情绪逐渐恢复平静。如果过于相信自己的安慰能力而说出不合适的话，无异于火上浇油，使对方的情绪更加不稳定。

三、安慰时加点儿希望，良言几句暖人心

　　人生不如意事十之八九，每个人的一生都不会是一帆风顺的。家人失业了，朋友失恋了，同事患病了，同学失去至亲了……面对亲朋好友遭遇的苦难，看到他们陷入人生低谷，我们如何才能有效地帮助对方从痛苦中解脱出来呢？

　　对许多人而言，目击别人的伤痛与不安对自己来说也是一种痛苦的折磨。很多人不知道如何安慰他人，为了避免说错话，索性一句话也不说，就当这件事没发生一样，这无疑错失了表达关心的良机。其实，就算不能在行动上为他人分忧，言语上的安慰起码可以让对方心里好受一些。

案例43　年轻女子为找不到爱情发愁，其闺蜜因安慰不当竟遭到言语攻击

　　张志玲和林靓颖是一对无话不谈的闺蜜，只要是闲暇，两人便一起逛街，相互谈论八卦消息，分享公司的趣事，偶尔还会倾诉自己的小烦恼。不过张志玲总觉得只有友情还不够，自己的爱情一直没有来到，心里很担忧，害怕自己嫁不出去。这一想不要紧，竟然落下了心病，常常为此唉声叹气。

　　林靓颖得知她为爱情发愁，心里很难受，便安慰她："看到你这样我也很心疼，没有男朋友，平日里生病了只有自己咬着牙硬扛，没人照顾，唉！"她给了张志玲一个同情的眼神，这更让张志玲觉得自己非常凄惨，心里就更难受了。

　　由于安慰不见成效，林靓颖发现张志玲的抱怨越来越多了，于是对她说道："别抱怨了，抱怨也没有用啊，现在打起精神来，好好收拾收拾自己，多参加参加相亲活动吧！"

　　张志玲郁闷地说道："我知道抱怨没有用，但就是打不起精神来。敢情你有男朋友，饱汉子不知饿汉子饥！"

第六章
安慰暖心：言辞温柔而得体，不要好心办坏事

林靓颖生气地说道："你怎么这么对我说话呢？我好言好语安慰你，你竟然说我的坏话，真是狗咬吕洞宾——不识好人心！"

结果，两人因为这件事产生了嫌隙，关系变得越来越淡。

人在难过的时候对未来的生活是充满迷茫的，总感觉毫无希望，从而丧失兴趣。处于这种心境的人最希望听到可以融化心中坚冰的安慰暖言，使自己内心最柔软的部分得到呵护。

其实，对会说话的人来说，遇到上述闺蜜的问题时，她可能会这样安慰对方。

人生的最终目标不是嫁人，而是要幸福。人生应该是丰富多彩的：有的人遇到了合适的人，两个人建立了幸福美满的家庭；有的人遇到了合适的人，两个人一直在恋爱的过程中陶醉；而有的人没遇到合适的人，一直在努力寻找，对自己的另一半充满憧憬；也有的人没遇到自己合适的人，因为家里的原因随便和某人结婚了。

每个人都有自己的追求和需要，我们不能拿"嫁不出去"来吓唬自己。只要清楚自己的需要，不需要按照别人的道路走。就是因为每个人的人生不同，所以才有各自的精彩，你真的不需要过得和别人一模一样。

在安慰别人之前，首先要调整好自己的心态，不能在安慰别人的同时让自己陷入对方所处的悲观情绪中，要做到理性地看待被安慰者的问题，给出真正有参考价值的意见，并且在安慰时加点儿希望，这种安慰方式才是最温暖人心的，才能解决其目前的困扰。

> **沟通技巧**
>
> "良言一句三冬暖"，当别人因为遭遇挫折或者不幸产生悲观情绪时，我们要懂得采用正确的方式安慰对方，使其内心感受到温暖的力量，促使其改善心态，增强信心，从而更好地生活下去。

四、说话炫耀，马后炮式的安慰无济于事

遭受失败、挫折和误解时，人们会倍感委屈和无奈，心情低落到谷底。这时家人、朋友或同事的理解和安慰就如同漆黑夜色下茫茫大海中的一盏明灯，可以帮助他们走出阴霾，重新拾起生活的动力。

不过安慰的方法和态度必须恰当，如果我们安慰他人时流露出显摆炫耀的态度，强调自己的先见之明，安慰时指责对方，抬高自己，说出"马后炮"式的话，不仅不会让被安慰者心情好转，反而使其心情更加糟糕。

下面两种话便带有强烈的炫耀心态，安慰他人时一定要避免说出口。

1. 当初听我的就好了

假如遇到下面这个情景，我们会做何感想？

当我们去一家心仪已久的公司面试后，等了很久都没有收到面试录用通知书，感到非常沮丧，就跟好朋友诉苦。

好朋友的安慰是这样的："哎呀，我早就跟你说过，让你在家好好模拟一下面试。你当初听我的就好了，不过现在已经这样了，就别太难过了。"

想必我们非常生气，这样的安慰话其实是在变相贬低他人，抬高自己，在伤口上撒盐。

面对这种情况，下面的安慰便可以抚慰面试失败者的悲观心理。

"这次面试机会很好，凭你的实力应该没问题，没有被录用确实可惜，不过失败乃人生常事，我们可以总结一下到底是在哪个环节出了问题，是面试准备不充分而导致临场发挥不利，还是与自己的意向岗位不匹配？找到失败的原因，咱们可以为下一次积累经验，以后还会有更好的机会。"

这样的安慰在认可对方实力的基础上对其面试失败表示真切的同情，同时客观分析了面试失败的原因，并给被安慰者奋进的动力和希望，从而可以有效地缓解其焦虑与挫败情绪。

2. 我就知道会这样

再设想一个情景：我们帮公司的某项培训活动预订场地，结果到了现场才发现桌子太小，椅子数量太少。正为此事烦恼时，同事过来安慰我们。

同事是这样安慰的："如果没猜错，你肯定没有提前到这里调查，我就知道会这样，你在这方面经验少，也怪不得你，你也别郁闷了。"

下面这些安慰话相对来说就让人心里舒服很多："这个场地的确小了一些，不过可以把扶手椅改成靠背椅，椅子之间的距离再缩小一些，少占些空间，大家基本就可以坐下了。下回咱们要是有时间，最好先过来实地考察一下再做决定。"

这些话比那些表面上的安慰更实用一些，直接帮助我们解决棘手难题，将失误造成的影响降到最低，可以起到减轻被安慰者焦虑情绪的作用，因为没有直接质问和指责，我们更容易接受对方提出的建议，心里也会十分感激。

第六章
安慰暖心：言辞温柔而得体，不要好心办坏事

> **沟通技巧**
>
> 安慰人的目的是减轻对方的焦虑或悲观情绪，一般要给对方鼓励，并对其经历感同身受，同时为其提出实质性的建议。如果安慰对方时炫耀自己的能力和先见之明，这无异于是在讽刺对方，起不到安慰人的效果。

五、帮对方转换思路，从"失败"中找到"成功"

塞翁失马，焉知非福。任何事物都有其两面性，假如我们只看到消极的一面，心情自然会低落、烦闷。如果我们换个角度，用积极的心态，从积极的一面看待事物，就可以走出心情低落的阴霾。

当人们遭遇挫折或者打击时，心里一般会很难过，这时我们不要一味地针对他失望、悲观的一面，这样会加深其挫折或悲观情绪，严重的可能会使其失去面对挫折的勇气，沉浸在痛苦中不能自拔。相反，我们要引导对方积极地看待事物，从"失败"中找到"成功"的种子。

案例44 岳云鹏因挨骂向郭德纲寻求安慰，郭德纲安慰他"说明你红了"

在相声演员岳云鹏逐渐为人所熟知时，随之而来的也有不少骂声，这让岳云鹏心里很难过。有一次，岳云鹏在微博上晒出和师傅郭德纲的合影，并称是因为有网友骂他，心情低落，所以到郭德纲这里来寻求安慰，而郭德纲却说要等到有更多的网友骂他时再来。

随后，郭德纲转发岳云鹏的微博，并安慰他说艺人不挨骂才有问题，人们的立场不同，就会对你有不同的看法，并调侃他说："我很欣慰，说明你红了。"

对于岳云鹏成名之后的苦恼，郭德纲没有直接安慰他说"哪有艺人不挨骂"或者"不要放在心上，做好自己就行"，而是让岳云鹏从被骂的"失败"中看到自己的成功之处——"你红了"。这样的安慰既能让岳云鹏具备积极、乐观的心态，又能使其产生成就感。

俗话说："当局者迷，旁观者清。"安慰别人时，我们应该理性地帮助失意者发现其中的成功之处，一语点醒梦中人，让对方在心理上得到慰藉和鼓励，从而勇敢地面对挫折或失败。

> **沟通技巧**
>
> 　　之所以要安慰别人，就是因为别人心情低落，而对方之所以心情低落，很大一个原因是遭受了挫折和打击，也就是"失败"。只要能够转变对方的思路，引导其以积极的心态看到事物的"成功"一面，对方自然会振作起来。

六、了解朋友内心活动，给其最贴心的抚慰

　　朋友伤心难过时，很多人的安慰方式并不合理，所以费了半天口舌，朋友的情绪还是没有半点儿好转，甚至更难过。很多人在尚未理解朋友的苦恼之前就盲目地鼓励对方"别哭了，坚强点儿"，也有的人帮助朋友分析问题，告诉他"你应该怎么做"，甚至有的人会批评朋友："我早就给你说过……"

　　安慰人也要运用心理技巧，要根据对方的心理活动给予最贴心的抚慰。

1. 倾听对方的苦恼

　　由于生活经历、家庭背景、受教育程度等不同因素，每个人对于苦恼的理解也是各不相同的。因此，当我们试图安慰朋友时，首先要理解他的苦恼。安慰人时，倾听比说更重要。心中积聚的沮丧情绪需要发泄，如果迎接他的是温柔聆听的耳朵，而非逻辑敏锐、条理分明的说教，对方就能自由地表达心里的感受，减轻心理压力。

2. 接纳对方的世界

　　有很多人明明想安慰朋友，可在倾听朋友倾诉的过程中突然产生抗拒情绪，打断朋友的话，急切地提出自己的见解，这对朋友恢复心情特别不利。

　　为什么会出现这种情况呢？很大程度上是由于我们无法理解朋友的苦恼。我们容易将苦恼的定义局限在自我所能理解的范围中，一旦超过这个范围，就觉得朋友的苦恼很不切实际，是本不应该出现的情绪，从而对其苦恼不以为然。因此，我们需要暂时搁置自己根深蒂固的观念，摒弃自己的偏见，真正站在朋友的角度去看待他所面临的问题。

第六章
安慰暖心：言辞温柔而得体，不要好心办坏事

3. 探索对方走过的路

当我们发现朋友情绪不好时，总想尽快为其找到一个解决问题的办法，从而使其快点脱离苦海。其实朋友在寻求安慰之前，早已有了一连串不断尝试、不断失败的苦恼经历。因此，我们要探索对方走过的路，了解其解决问题的经历，并认可他的努力，告诉他"你已经做得够多、够好了"。

其实，安慰人的过程中，为对方提供的任何解决方法都很可能不奏效，这会令对方再次失望，所以不加干预，不给见解，倾听、了解并认同其苦恼是安慰的最高原则。

4. 陪伴对方

假如我们不知道如何安慰对方，为了表示对其理解和支持，我们不妨默默地陪在他身边。朋友会在我们的陪伴下感受到安全、温暖，从而在倾诉之后逐渐平静自己的心情，坦然面对自己的遭遇。

> **沟通技巧**
>
> 当看到朋友伤心难过时，我们想对他说一些振奋精神的话以示鼓励。但在安慰对方之前，一定要耐心倾听其倾诉，理解对方的苦恼，接纳对方的世界，并对其努力抗争的经历表示认可。就算无法安慰他，陪伴也是一种不错的方式。

第七章

情理服心：入情入理，让对方无法说"不"

人作为独立的个体，都不喜欢被他人改变自己的看法。在说服别人时，如果对方能够察觉到说服的痕迹，其固执情绪会影响到最终的效果。因此，我们在说服别人时要不露痕迹，并入情入理，通过增强话语的公信力使其内心产生动摇，从而达到说服的目的。

第七章
情理服心：入情入理，让对方无法说"不"

一、醉翁之意不在酒，掌握说服的春秋笔法

没有人愿意被别人说服，有时说得再有道理，对方也不一定认可。为了防止在说服他人时遇到这种执拗的"反抗"，我们可以正话反说。正话反说是指说出来的话所表达的意思与字面意思完全相反。如字面表示肯定意思，则实际意思为否定；如字面表示否定意思，则实际意思为肯定。这也是一种幽默感十足的说服方式。使用这种方法能够在不直接指明对方错误的基础上，使他们自我反省并认识自己的错误。

案例 45 香烟商人推销香烟，一老人说出香烟三大好处而使听众一哄而散

从前，有一个香烟商人辗转到某地做生意，特意选择在一个集市的大台子上讲述抽烟的好处，台下众人都听得津津有味。

这时人群中突然走出一个老人，直接走上台子，说自己有话要讲。商人担心老人说的话对自己不利，拒绝了老人的要求，台下听众也都对老人的到来感到不满。

老人不管不顾，自顾自地说道："女士们，先生们，抽烟的好处可不止这位先生说的这些，另外还有三大好处呢！我现在要说的就是抽烟的三大好处。"

老人卖的关子起了效果，台下听众收起不满，对老人说的话很感兴趣，而香烟商人也十分高兴，连忙向老人道谢说："谢谢您了，老先生，看您相貌不凡，肯定学识渊博。那么，就请您给大家讲讲抽烟的好处吧！"

老人微微一笑，说道："第一大好处，狗害怕抽烟的人，看见就逃。（台下一片轰动，商人暗自高兴。）第二大好处，小偷不敢去偷抽烟者的东西。（台下的人对这一结论也很称奇，商人显得更高兴了。）第三大好处，抽烟者永远年轻。（台下对这一结论感到不解，商人则高兴得合不上嘴了。）"老人刚说完话，听众便纷纷要求解释。

老人于是接着说道："第一，抽烟的人容易驼背，狗一看到他，以为他是在弯腰捡石头准备打它呢，肯定害怕得逃跑；第二，抽烟的人夜里爱咳嗽，小偷以为他还没睡着，就不敢上他家偷东西；第三，抽烟的人很少有长寿的，所以永远年轻。"

老人讲完后，听众哈哈一笑，一哄而散。香烟商人极力挽留，却没有一个人愿意留下来继续听他讲述抽烟的好处。

老人所说的"抽烟三大好处"，实际上是抽烟的害处，却正话反说，显得很有幽默感，让人们在笑声中悟出他要真正说明的道理，即抽烟有害健康。

现实生活中，我们经常遇到很多做错事的人，如果过于直接地告诉对方所做的错事，可能会伤害其面子。为了建立和谐的人际关系，我们可以正话反说，用幽默的语言展现个人的风度，与此同时对方也更容易消化吸收我们所说的意见。

案例46　孟非给咖啡店老板支着儿，委婉说服老板将咖啡添满

著名主持人孟非跟朋友一起到咖啡店喝咖啡，咖啡端上来时，孟非发现咖啡只有半杯。正在为此感到不满时，咖啡店老板走上前来，发现他是孟非，于是客气地请他对咖啡店提点儿意见。

孟非看了看桌上的半杯咖啡，便微笑着对老板说："我有一个办法，可以让你立马多卖出两杯咖啡。"

老板来了兴致，赶忙追问："哦？什么办法？"

孟非说："你只要把杯子倒满即可。"

闻听此言，老板不好意思地笑了，但很快为孟非以及他的朋友添满了咖啡杯里的咖啡。

正话反说比正说更有说服力，它可以鲜明地表明说话人的立场和态度，并且使语言鲜活，生动有趣，避免遭到对方的反击，获得某种意想不到的效果。

> **沟通技巧**
>
> 正话反说的特点就是字面意思与本意完全相反，反说出来的话能使本来也许困难的说服变得顺利起来，让听者在比较融洽的氛围中接受建议或意见。

二、感同身受，站在对方立场进行说服更有效

很多时候，我们说服别人是为了满足自己的欲望，实现自己的某种目的，所以忽视对方的感受可能导致无法说服对方。如果我们能够站在对方的立场上看问题，就可以知道对方在想什么，想要得到什么，不想失去什么，说服也会事半功倍。

1. 先确认说服是为了谁

假如我们说服他人是为了对方着想，我们便掌握了成功说服的钥匙。不过很少有人能够真正做到这一点，说服别人的时候，几乎所有人都会忘记这个最基本的要求，所以哪怕掌握了再多技巧也于事无补。这就好比在不稳固的地基上建设房屋，

房子的结构再稳固，房子也会有随时倒塌的危险。当我们准备说服某人时，务必事先确认此次说服行为是为了谁。成功的说服是建立在为对方着想的基础上的，这一点千万不要忘记。

2. 确认自己的说服态度

试图说服对方之前，我们必须确定希望对方做出的行动是怎样的。具体而言，此时不仅需要考虑对方的情况，也要考虑自己的想法并向对方表达出来。

3. 设身处地为对方着想

通常来说，如果说服时将自己的思想强加给对方，很大程度上是因为我们没有事先设想到对方的反应。展开说服之前，我们可以事先假设自己就是对方，设想自己面对这样的说服会如何反应。

说服时，要想避免将自己的意志强加到对方身上，就要事先做好调查。

（1）设身处地想一想，自己是否能够接受已经设定好的说服目标？
（2）假如自己不能接受，对方能够接受的可能性有多少？
（3）我们能否接受自己常用的说服方式？
（4）我们怎样劝说时，对方才会愿意付诸行动？

案例 47　松下幸之助站对立场，成功说服代理商付高价购买产品

松下幸之助在创业之初销售灯泡，面临着打不开销路的困难局面，为此他拜访了各地的代理商，希望能够获得他们的支持。

在代理商会议上，他说出了自己的想法："公司发展到今天，还得感谢诸位的支持。在此，我希望各位能用比较高的价格买下我们公司生产的产品。"

代理商们一听，纷纷表示不满："我们从没有见过你这样做生意的人，自己的产品是二流的，却让别人掏高价买，你当我们是傻子吗？"

松下幸之助非常理解代理商们的情绪，不慌不忙地接着说："诸位都知道，现在全国只有一家生产一流灯泡的公司，这样的产品质量好，就算价格再高，大家也会购买吧？"

代理商们纷纷点头："是啊，可那有什么办法呢？其他厂家生产不出一流的灯泡啊！"

松下幸之助接着解释说："本公司其实已经试制成功一批一流灯泡，只不过限于资金不足，没办法投入生产啊！"

代理商们被这句话激发出很大的兴趣，不满和抱怨的声音渐渐少了。松下幸之助不失时机地说道："我这次提出这

样的恳求，就是希望各位能以一流产品的价格暂且买下我们的二流产品。这样一来，灯泡市场上就不会出现垄断局面，价格自然也会降低，到那时我一定好好答谢各位！"

代理商们明白了松下幸之助的意思，也被他的诚意所打动，有人同意他的想法。最后，那些持观望态度的代理商也解囊相助。当然，作为回报，在以后新产品的销售中，松下幸之助对那些曾支持他的代理商给予了一定的优惠。

4. 适当调整自己的真实想法

弄清楚自己的真实目的后，我们如果贸然说服，依然容易失败，所以我们必须要学会站在对方的立场上思考自己的真实目的。由于立场不同，结果必定会相互抵触，因此需要认真考虑两者之间的差异、消除差异的可能性、消除差异的具体方法以及无法消除时的对策。

> **沟通技巧**
>
> 说服别人确实有一种成就感，但我们不能为了自己的一己之利说服别人。说服别人时，我们应该为对方着想，设身处地思考自己的说服方式会引起对方怎样的反应，从而做出修正，使说服获得最好的效果。

三、拆穿对方的无理说服，坚定自己的立场

为了吸引别人崇拜的目光，满足自己的虚荣心，一个自卑的人很有可能装作很强大的样子。真正自信的人往往不会刻意做出高调的事，也不爱摆架子。

同样，当两个人相互争论时，如果我们发现对方并不是就事论事地传递信息，而是想用各种方法说服我们，这就表明他的观点并没有他嘴上说得那么正确。这些最常见的"说服"话术包括五种。

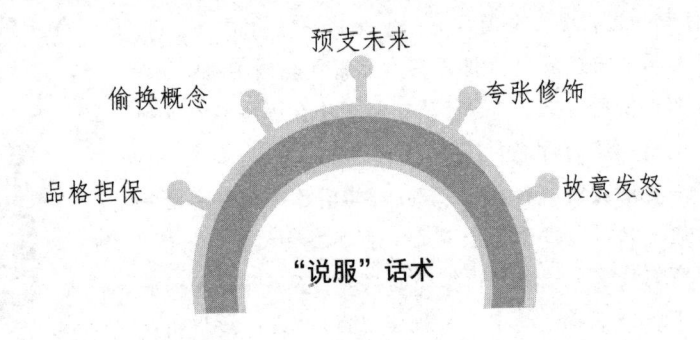

预支未来
偷换概念　　　　夸张修饰
品格担保　　　　故意发怒

"说服"话术

第七章
情理服心：入情入理，让对方无法说"不"

1. 品格担保

这种方法并不是直接回答问题，而是借助自己或他人的名誉光环来为自己的行为辩解，或塑造自己无辜的形象。例如，"我是博士，你以为我不懂这些道理？""我爸妈都是律师，我向来被教育说话要符合逻辑，怎么可能说话不着边际？""我是历史老师，你觉得我可能记错这个历史时间吗？"

请认真思考这些说辞，一个人的学历、家人、职业并不能保证他不会犯错，但这些偏见误导了不少人。这在心理学中被称为"晕轮效应"，指的是当对一个人的某种特征形成好或坏的印象后，会倾向于据此推论该人在其他方面的特征。这在本质上是一种以偏概全的认知偏误。因此，在后面的谈话中，如果发现对方开始搬出各种经历或头衔，想要说服我们接受他的观点，我们要明白那些光环代表的只是他的"曾经"，并不表示对于他的"现在或未来"具有同样的说服力。

2. 偷换概念

偷换概念是一种把问题调包的技巧，转移了人们对某件事情的关注点，从而使人们忘记自己真正在乎的谈话重点是什么。

当对方出现这种情况时，我们要提高警惕，采取合适的策略将话题重新引导至正确的方向。

案例 48　餐厅经理偷换概念拒不全额赔偿，顾客及时反击终获成功

刘梅龄去餐厅用餐，服务员在上菜的过程中不小心将一碗汤洒到她身上。由于刘梅龄在用餐结束后要参加一个高管会议，没有时间把衣服拿到干洗店干洗，于是她急忙去附近的商场新买了一套衣服换上，并将发票交给了餐厅经理，要求餐厅照价赔偿。

餐厅经理了解情况后拒绝全额赔偿："刘女士，按照公司的规定，您这种情况我们可以帮你干洗，不可能赔偿。如果您买了一套香奈儿，总不能我们也要赔您一套香奈儿吧？"

刘梅龄听了经理的话，义正词严地说道："我在进餐过程中，你们的服务员将我的衣服弄脏，导致我不能穿这一身衣服参加高管会议，为此我只能买一身新衣服。我想你应该不否认服务员把我的衣服弄脏这一事实吧，难道这不是你们餐厅的责任？你们不应该赔偿我的损失？就算我穿了香奈儿，你损害了我的服装，也理应赔偿我的损失。"

经理无话可说，只好答应按照发票金额赔偿刘梅龄的钱。

餐厅经理的回答就是在偷换概念、调包问题，因为解决这件事的关键点并不是

什么奢侈名牌问题,而是餐厅工作人员的失误问题以及刘梅龄要求的赔偿金额问题。

正是因为刘梅龄在第一时间就看明白了这个经理正在试图误导她,她也就没有与这个经理进行无谓的争辩,而是让经理明白这件事是因为餐厅员工失误造成的,餐厅应该承担赔偿责任,最终获得了令自己满意的结果。

3. 预支未来

某些人为了让对方尽快做出决定,常常会运用对方对未来的想象转移焦点,这就是预支未来,给出的承诺往往针对的是未来,而人们只是预支了自己的承诺。除非将时间白纸黑字明确地写下来,否则一方回头不认账,另一方也无可奈何。

恋人间的对话,如"我保证会永远爱你"以及顾客砍价时常说的"你便宜一点吧,我以后常来你这儿买东西"等话语就是预支未来的典型。

如果发现对方总是在劝我们现在退让一些,并向我们许诺将来可能获得的好处,我们应该保持理智,不能被这不可知的未来承诺诱惑,因为所谓的承诺可能只是一张空头支票,这很可能是对方放出的烟幕弹。

如果对方真的要预支未来的承诺,最保险的做法是让对方将时间、地点、内容等细节详细地写下来,这样才更具有可信度。

4. 夸张修饰

人的心理存在一种补偿机制,当我们知道自己说出的话缺乏说服力时,就会有意把这些话讲得绘声绘色,给出一些夸张的修饰,好让人听起来这件事如我们所言一样,从而增强话语的说服力。

在与对方交谈时,如果我们发现对方使用一些超乎正常标准的字词,如明明可以说"他看了我一眼",却刻意将其描绘成"他恶狠狠地瞪了我一眼,眼睛里充满了凶光"。这时我们就要在心里画一个问号:为什么他要将那个人描述成惹人厌恶的样子?为什么他要将自己塑造成受害者的样子?他这样做的真正目的很可能是误导我们。

5. 故意发怒

其实最直接的一种说服方法就是用激烈的情绪逼迫别人就范,借助威胁恐吓让对方不敢提出质疑。

任何情绪都不是凭空产生的,都需要一定时间酝酿。过快或过于激烈的愤怒多数带有目的性,或者是企图转移人们的视线,或者是刺激对方紧张的情绪以打乱他的思绪。

面对这种情况，我们要保持镇定，语气坚定地向对方说清楚我们的诉求。这样尝试几次，对方感觉自己就像用力打在棉花上一样，情绪愤怒没有任何用处，只好收起自己的愤怒。

> **沟通技巧**
>
> 对于那些别有用心的人来说，他们觉得用合理的说服方式达成目的的可能性很小，于是会采用一些"歪门邪道"的说服术，这些说服方式或多或少存在逻辑错误，我们要认真对待，识破其伎俩，并坚定自己的立场，瓦解对方的意图。

四、激将法出招，瓦解对方的固执情绪

俗话说，"劝将不如激将"。合理地运用激将法，通过刺激对方的自尊心，从相反的角度激发对方"不服气"的情绪，使其产生一种奋发进取的"内驱力"，充分发挥潜能，从而收到不同寻常的效果。

要想合理使用激将法，我们需要足够了解对方，知道对方真正的内心需求并对症下药，才能激发起对方强烈的自尊心。

案例49　乒乓球教练用后果激将队员，成功说服其减肥并取得良好成效

某乒乓球队员身体发胖，不仅影响了个人身体健康，也对其职业生涯产生了严重的威胁。教练为此心急如焚，几次要求队员减肥，可队员不以为然，觉得身体发胖不会影响自己的实力。

随着该名队员在下半年几项重大比赛中接连失利，教练忍无可忍了，在一次队内大会上当众对这名队员说道："你在过去一年对自己的要求太低，你都胖成这样了，你说自己在刻苦训练，谁能信你的话？身体成这样了，再怎么训练也没有效果！你的比赛状态已经严重下滑，如果继续这样下去，后果不堪设想。"

教练的这一番话乃激将之语，这名队员听完之后猛然醒悟。他不仅没有觉得被当众批评丢了面子，反而深受感动，一再感谢教练的谆谆教诲。会后，这名队员立即给自己制订了一份训练计划，不仅给自己加大训练量，还穿上特制的负重服跑步，不到一个月便减了10斤。教练对他的减肥效果十分满意。

激将法需要使用刺激性语言，但出发点要正确，应体现出对他人的尊重、信任和爱护。激将的语言肯定不能让对方感到无关痛痒，但过于尖刻则与斥责无异，也会令人反感，不利于说服对方。

激将法分为两种，分别是明激法和暗激法。明激法是直截了当地以贬低、羞辱、挑剔来激怒对方，好像泼下一盆冷水，令对方精神一振。暗激法则是以表扬或称赞其他人或其他事物的方式，间接刺激对方。暗激法通过赞扬他人，给被说服者造成精神压力，使其在竞争的压力下发现自身的缺点并积极改正。不过，这对于某些心理比较脆弱的人来说也不太适合。

曾经有一篇名为"别人家的孩子"的帖子在网上引起广大网友的热烈讨论，网友们纷纷吐槽，认为所谓的"别人家的孩子"就是自己的"夙敌"，很多人在成长的路上就是被父母与"别人家的孩子"对比着长大的，上学时比的是成绩，毕业时比的是证书，工作后比的是职业和收入。

大家或许都听过父母对自己这样说"你看看隔壁家的王天海，学习多努力啊！成绩一直名列前茅！""你刘阿姨家的女儿今年考上重点中学了，你就是因为没有努力学习，所以只能上一般的中学！"

父母的这些唠叨想必更多的是遭到了孩子的反感和厌恶。

案例50　母亲因激将不当遭到女儿反对，后多用赞美使女儿得以进步

张勤爱的女儿菲菲现在正在上初二，她总感觉现在女儿学习动力不足，而且有时回到家一直拿着手机玩。她担心女儿成绩下滑，就装作无意地在女儿面前说起这样一句话："菲菲，你知道吗？你李阿姨的女儿在英语竞赛中得了二等奖。"

菲菲很敏感，委屈地说："你是不是总觉得别人家的孩子比我好？干脆你认她们当女儿吧！"

张勤爱之前也教育过女儿，女儿的反应也是不情愿，她一般都会认为女儿不够虚心，听不得表扬别人，不上进。可是这次女儿竟然说出"干脆你认她们当女儿吧"，她这才察觉出问题的严重性。

冷静下来后细细回想，张勤爱这才意识到自己激励女儿的方式不恰当。她的本意是想让女儿在被刺激以后更加努力学习，哪知女儿听了她的话后越来越没有信心。

张勤爱对自己的丈夫说："我们总是努力发现别人家的孩子的优点，却对菲菲身上的优点视而不见。这样做是不是有些太不公平了？看来我们必须要改一改了。"

后来，张勤爱和丈夫决定把菲菲当成"别人家的孩子"来看待，多发现她身上的优点，多给予赞美之词。渐渐地，他们发现菲菲变得开心了，对学习的自信心也增强了。

运用激将法时，我们要把握好语气的分寸和感情色彩，把褒贬抑扬有机地结合起来，使话语达到满意的效果。

> **沟通技巧**
>
> 平淡无奇的说服方式可能无法激发对方的积极心态。这时我们可以刺激对方的自尊心，促使对方做出某种行为来维护自己的自尊，从而使其沿着自己的预想行动。不过，激将语言不能过于严苛，要流露出对对方的希望和关注。

五、利用权威心理，增强话语公信力

所谓"人微言轻，人贵言重"，如果一个人地位高，有威信，受人敬重，那么他的一言一行就很容易受到别人的重视，而且人们大多相信其言行的正确性，这就是"权威效应"。

之所以会出现这种效应，首先是出于人们的安全心理，人们认为权威人物往往是正确的楷模，服从他们会使自己具备安全感，更不易出错；其次是出于人们的赞许心理，人们总认为权威人物的行为往往和社会规范相一致，按照权威人物的模式去做某事会得到各方面的赞许和奖励。

正是因为如此，权威人士的一句话胜过普通人的千言万语。既然如此，我们可以利用人们普遍推崇权威这一事实，说服他人时向权威借力，以此增强话语的影响力和说服力。

案例 51 老师用拿破仑与晏子自比，幽默语言令学生改变对他的态度

某中学老师个头很小，外貌也不怎么好看，学生们都不喜欢听他讲课。虽然他努力让自己的教学内容通俗易懂，但学生们总是坐在下面对他议论纷纷，无法集中注意力。

有一次，学生们正在上自习，他前去教室辅导功课，到自习课快要结束的时候，他对学生们说道："同学们，我有话要跟大家讲。在这里我要和大家分享我具备的两大优点。"

沟通心理学
为何你说话别人总不爱听

学生们都很好奇老师怎么说，于是聚精会神地听着。

"你们听说过拿破仑吗？拿破仑个子不高，但他征服了欧洲，因此可以说世界上的伟人具备第一个特质，那就是长得不是很高。就像潘长江在小品里说的那句话，'浓缩的都是精华'。

"你们听说过晏子吗？他相貌丑陋，却是春秋时期闻名天下的思想家和外交家。司马迁都称赞他'不辱使命，雄辩四方'。因此，世界上的伟人还具备第二个特质，那就是长得都不是很好看。"

听完老师幽默的讲解后，学生们哈哈大笑，自此以后开始喜欢上他的课，而且不在背后议论他了。他也凭着自己的教学风格，成为一名市级优秀教师。

这位老师借助拿破仑和晏子两位权威人物，以一种风趣幽默的方式告诉学生们，老师最重要的是讲课讲得好，而不是面貌好和身材高。

想要彻底说服别人，有时单纯靠自己的力量是远远不够的，这时我们需要借力。向权威借力，就算是一句名人名言也会让我们的话语分量增加，显得更有说服力。

> **沟通技巧**
>
> 人们通常颇为关注权威人物的言行举止，也十分信服权威人物的做法，因为权威人物往往代表着社会规范，是正确的楷模，跟着他做不会错。因此，我们可以向权威人物借力，增强自己话语的说服力。

六、巧用心理定式，说服也可以不知不觉

心理定式是指心理上的定向趋势，它是由一定的心理活动所形成的准备状态，对以后的感知、记忆、思维、情感等心理活动和行为活动起正向作用或反向作用。心理定势能够在环境不变的条件下使人应用已经掌握的知识和技能，从而迅速解决问题。不过一旦情况发生改变，消极的心理定式会是束缚创造性思维的枷锁。

人际交往中，如果我们能够巧妙利用人的心理定式，就可以非常简单地让他人点头称"是"，逐渐对我们的重要观点产生认同感，例如：

"今天的天气真不错啊！"

"是啊！"

"夫人和孩子也都好吧？"

"是的，很好。"

"今年是你的本命年吧？"

"是的,我属鼠。"

让对方不断地同意我们的观点,制造对方同意的心理定式,最后引入正题,对方往往也会同意。

案例 52　推销员通过提问让对方不断说"是",成功扭转对方的错误观点

阿里森是美国一家电器公司的推销员,有一次他到一家刚刚开发的新客户那里去拜访,打算再推销一批新型的电机。

到这家公司以后,总工程师见到他就直接质问:"你还指望我们再一次购买你的电机吗?"阿里森不明白自己为何遭到这样的对待,非常诧异,经过了解才明白,原来对方公司认为刚刚从阿里森那里购买的电机发热严重超标。

面对质疑,阿里森没有强行争辩,但他知道公司的产品不会出现问题。了解情况后,阿里森故意说:"好吧,我的意见和您的相同,假如那电机发热超标,别说再买,就是买了也要退货,我说得对吧?"

"是的!"总工程师的反应果然如阿里森所料。

"电机当然会发热,但您当然不希望它的热度超过全国电工协会规定的标准,是吗?"

"是的,我当然不希望。"对方的回答仍是肯定的。

接下来,阿里森开始讨论具体问题,他问道:"按标准,电机的温度可比室温高72华氏度,是吗?"

"是的,"总工程师说,"但你们的产品比这高得多,电机外壳几乎摸不得,这是不争的事实。"

阿里森也不与他争辩,反问说:"那你们车间的温度是多少?"

总工程师不假思索地回答说:"大约75华氏度。"

阿里森高兴地拍了拍对方肩膀说:"这就对啦!车间是75华氏度,加上应有的72华氏度,一共是140华氏度左右。如果你把手放进140华氏度的热水里,手能忍受得了吗?"

工程师虽然不情愿,但也不得不点头称是。

阿里森接着说:"那么,以后你就不要用手去摸电机外壳了。放心,那完全是正常的。"

最后,阿里森不但说服了对方,消除了对方的偏见,而且又成交了一笔大额订单。

阿里森开始所问的问题都是反对者所赞同的。在他机智而巧妙的发问中,获得很多"是"的反应,使反对者在不知不觉中认同了在数分钟之前还在否认的结论。

或许有人会怀疑这一策略的有效性，因为这看起来就像语言游戏一样简单，别人会轻易相信吗？

其实对别人说"不"并不能让自己心情愉悦，甚至有时会产生不愉快的感觉，而做出肯定性的回答往往会让自己更快乐。同意是人们的一种很自然的态度，比反对要简单得多，所以如果有所选择，人们一般倾向于做出肯定性的回答。如果心理定式对同意态度做出强化，人们在连续同意了一连串事情之后，再突然扭转态度就更不容易了，而且人们大多都喜欢让自己的言行或者态度保持前后一致，否则会造成心理不适。

因此，通过制造对方"同意"的心理定式来使对方心悦诚服是切实可行的说服策略。在与他人交往的过程中，我们先就一些对方肯定会表示同意的事情获得对方的同意态度，使对方形成心理定式，最后再说出正题，往往会避免双方出现意见分歧，在最短的时间内达成共识。

> **沟通技巧**
>
> 人们都具有心理定式、思维惯性，所以当我们想要说服他人时，可以运用苏格拉底提问法，使对方不断说"是"，使其形成思维定式，当我们提出关键性看法时，对方一般也会同意。

七、制造落差，动摇对方坚定的内心

落差指的是对比中的差异或差距。现实生活中，几乎没有人能抵挡得住巨大落差带来的冲击力。使用对比方法制造落差，哪怕人的内心再坚定，也有可能产生动摇。

我们在生活中见到很多广告利用对比方法实现说服观众购买产品的目的，减肥广告就是其中最典型的一种。减肥广告最常见的方式是摆出女孩子减肥前的照片和减肥后的照片，两张照片的形象差别巨大，消费者看到后很容易被减肥产品的效果所震撼，从而激发购买欲望。

巨大落差制造的对比效果很快便攻破人们的心理防线，促使人们在潜意识里被彻底说服，从而迅速做出非理性的购买行为。因此，要想说服某个人，我们可以试着运用对比的方法，给对方营造出一种巨大的落差感，让对方相互比较与权衡，而这时我们就不用再浪费过多的精力和口舌劝说对方了，因为对方渐渐完成了自我说服。

第七章
情理服心：入情入理，让对方无法说"不"

案例 53 推销员通过对比朋友前后的状态，激发听众踊跃购买成功学书籍

有一位书籍推销员租赁了一个场地，打算举办讲座，推销关于成功学的书籍。

他在讲座上这样对听众说："我有一个朋友，多年以前游手好闲，无所事事，整整 5 年都没有稳定的工作，他已经是一个 26 岁的人了，却没有一点积蓄，一直由父母出钱购买东西，当然，他也就不可能结婚，连女朋友都没有。我曾经开导过他，让他认真读完这本书，并告诉他，只要他读完这本书，就一定可以改变人生。等到他读完以后，效果非常好！他的变化很惊人，用了短短不到 5 个月的时间就找到了称心如意的工作，而且在单位遇到了自己心仪的对象。现在他已经结婚了，并且育有一对可爱的宝宝。这样的变化是通过我的开导出现的，也是他从这本成功学中获得的动力得到的，当然，这更离不开他自身的努力。他是不是一个成功的人？我想是的。到底怎样成为一个成功的人，我想每个人都应该了解一下。"

对比推销员热烈讲解朋友的前后人生，这激发了人们学习成功学的欲望，讲座结束后，推销员很快就卖完了他的书。

要想通过对比方法成功说服他人，我们首先要精准把握他人的心理，深刻了解其需求，进而施展对比战术就能够有效地击溃对方的心理防线，让对方无形中被我们所说服。

> **沟通技巧**
>
> 运用对比制造巨大落差，让对方自己做比较，从而进行自我说服，这样的说服方式比苦口婆心地劝说更有效，但这需要我们十分了解对方的心理需求，只有这样才能精准地实施对比战术，让对方不知不觉间被说服。

八、小要求之后再提大要求，向对方得寸进尺

"得寸进尺"本来是一个贬义词，指的是人贪心不足，有了小的又要大的。不过，说服别人时可以应用得寸进尺效应，也就是"登门槛效应"，即先让对方接受一个较小的要求，再说服他接受一个更大的要求。

一般情况下，先提出较小的要求，人们总是容易接受的。接受了较小的要求，也就等于缩短了我们的观点与对方观点之间的差距，当我们再进一步提出要求时，对方也就不会感到惊奇，接受的可能性就更高了。

103

现实生活中有很多运用这种技巧的情形。父母要求爱睡懒觉的孩子早点儿起床，先让他每天早起半个小时，孩子一般容易做到，等孩子养成早起的习惯后，要求他再提前半个小时起床就更容易了。如果一下子就让他提早一个小时起床是比较困难的。这实际上是一种循序渐进的说服方法。

案例 54　记者请求权威人士接受3分钟的采访，而离开时已过20分钟

在澳大利亚的墨尔本，女记者帕兰打算采访一位权威人士，请他针对海洋动物保护问题做一个15分钟的广播讲话。这位权威人士工作繁忙，之前曾拒绝过很多记者的采访请求。帕兰知道，如果直接提出占用他宝贵的15分钟时间，他一定会拒绝。

为了达到目的，帕兰决定先对对方提出一个小小的要求，于是在电话里说："很抱歉打扰您，我们想请您就海洋动物保护问题谈谈看法，只需要3分钟就可以了。听说您日常活动安排非常有规律，每天下午4点都要走出工作室到户外散步。如果可以的话，我可不可以在今天下午4点左右去拜访您？"

这位权威人士没有拒绝这个请求，当日下午4点钟，采访准时开始。当帕兰与这位权威人士告辞时，时间居然过去了整整20分钟，远远超过刚开始约定的3分钟。帕兰达到了自己的目的，这20分钟的录音采访材料是充足的，最后她成功将其编制成15分钟的广播讲话。

记者帕兰为了让素来不接受记者采访的权威人士接受她的采访，先提出了一个小要求，两人只谈3分钟，当对方接受以后，她又在谈话中诱导发问，使对方实际上接受了更高的要求，两人谈了20分钟。

与"登门槛效应"正好相反的"留面子效应"有时也会起作用。"留面子效应"是指首先向对方提出一个大的要求，如果对方拒绝这个大要求，接着再向其提出一个较小的要求，这种情况下，对方接受较小要求的可能性更大。

> **沟通技巧**
>
> 当我们感到无法直接说服他人时，不妨先向其提出一个小要求，然后在此基础上提出更大的要求，对方拒绝的可能性很小。运用"留面子效应"，先提一个大要求，等对方拒绝后再提一个小要求，对方会因为不好意思再次拒绝而同意。

九、请人帮忙要委婉，由寒暄过渡到主题更易成功

请求他人帮忙时，直接说出自己的请求往往过于唐突，对方难以接受，同意帮忙的可能性就比较小。如果先寒暄一番，说一些客套话，然后过渡到主题上，成功的概率就比较大。

有人认为平常免不了要请熟人帮忙，既然双方非常熟悉，直奔主题就可以了，再说其他的话反而显得见外。不过很多事实证明，即使是熟人，最基本的礼貌问候也是必不可少的，尤其是很长时间没有联系的朋友，开口就请求对方帮忙，会给人一种势利的感觉，让人觉得平时不关心，有事了才知道想起自己。

案例 55 热心肠好心帮忙却被朋友随意使唤，便决定与其断绝友谊

王柳是一个热心肠的人，喜欢乐于助人，所以只要朋友请她帮忙，凡是她能做到的决不推辞。

一天，她的好朋友李敏想请她帮忙取一个快件回来，于是打电话对她说："小柳，帮我取一个快件回来，我急着要用。"说完就挂断了电话，王柳都没来得及确认，这让她感到非常不舒服，心里嘀咕道："虽然是好朋友，但也你不能把我当用人一样使唤吧，如果是别人才懒得理你！"

虽然心里不痛快，但王柳还是帮李敏把快件带了回去。可能李敏最近经常网购，在接下来的日子里，她总是让王柳帮忙取快件，而且每次都是打去电话，吩咐完事情就挂断了，这让王柳越来越恼火，于是下定决心不再理她，和她断绝来往。

由此可见，不能因为是熟人或朋友我们就毫无顾忌，直奔主题地请人帮忙。与朋友或熟人相处，也要遵守人际交往的规则，千万不能因为关系好就忽视了一些细节性的礼貌问候，导致关系出现裂痕。

请人帮忙之前，适度的寒暄能够营造出良好的氛围，在这样的氛围下人的心情就会愉悦得多，也就比较乐于帮忙。

那么，请求别人帮忙时具体要如何说呢？

1. 熟悉通用的礼貌用语

人际交往中，有些通用的场面话虽然只是交际时的应酬话，但能表现尊重、礼节和谦虚，具有润滑人际关系的作用。例如，麻烦别人要说"打扰"，请人指教要说"赐教"，请人办事要说"拜托"，求人方便要说"借光"……

2. 语言要自然、真诚

寒暄话不能机械、死板，要说得自然而且真诚，这样才能给别人留下好印象，

别人也更愿意帮助我们。

3. 正确对待寒暄话

有些人认为寒暄话是虚伪、庸俗、毫无意义的,所以对其非常排斥。这种想法是错误的,说寒暄话和客套话是人与人之间最起码的一种礼貌。寒暄一下,看似平常,却能引发人与人之间的良性互动,成为交际成功的促进剂。

> **沟通技巧**
>
> 请求别人帮忙,不管是陌生人还是熟人,我们都应该遵守基本的人际交往规则,说一些烘托气氛的寒暄话,让对方的心里舒畅,我们获得帮助的可能性也就更大。

第八章

辩论驳心：逻辑与语商在线，辩论交锋激起舌尖风暴

辩论是语言的交锋，同时也是反应能力和智慧的交锋，其核心在于说服与反驳，我们要拿出充分的论据证明自己的观点，同时尽最大努力找到对方观点中的错误，对其进行反驳。说服与反驳双管齐下，让对方不得不接受我们的观点。

一、做足准备，预测大致脉络才能心里有底

古语云"工欲善其事，必先利其器""凡事预则立，不预则废"。与别人辩论时，哪怕我们的能力再强，如果没有充足的准备，就容易陷入"巧妇难为无米之炊"的境地，处于被动局面，这对自己是十分不利的。

我们经常看到有些人在辩论过程中伶牙俐齿，能言善辩，而这些光鲜的成绩背后是精心的准备。他们要对辩论的内容、相关知识材料、支持观点的论据等方面做好充足的准备，收集整理信息，了解辩论对手的背景情况，预测对手的使用材料和论据等，做好应对措施，有力地反驳对方。

与他人进行一场辩论之前，需要预测对方的辩论主题，查阅资料，思考应对方法，最后将这些资料内容梳理清晰，从而对即将进行的辩论有一个大概的了解，理顺大致的脉络，最终才能做到心中有数，心里有底，从而更稳定地发挥出辩论水平。

不过，应用材料和论据时，我们不能照搬照背，而应把自己的想法叙述出来，说明自己对人或事物的看法，证明我们的观点，完成论证。

当然，这只是辩论之前的"临阵磨枪"，要想从根本上提升自己的辩论能力，需要练就过硬的本领。这并非一日之功，需要我们在生活中一点一滴地积累。

假如我们口才不佳，没有丰富的词汇量，可以从现在开始尝试，把自己看过的文章中最感兴趣的文字标记出来，再记住其中最有意义的一两句话，每天记一点，坚持一段时间，我们会发现自己的词汇量变得比之前丰富了。这些日积月累的语句已融入我们的思维，当我们参加辩论时，这些语句就可以信手拈来，成为绝佳的素材。

案例 56　爱好读书让某人成为辩论高手，"金舌头"的称号名副其实

某地有个人被当地人称为"金舌头"，来这里观光的游客都对这一称呼感到惊奇，不明白他是如何获得这个称号的。

当地人对游客解释："他与人辩论的时候从来没有输过。"

游客不解地问道："难道你们当地就没有比他口才更好的人吗？"

当地人说："口才好的人倒是不少，但不管谁说什么话题，他总能分析得头头是道，并发现对方的破绽，最后获得辩论的胜利。"

游客更不解了:"不会吧,这么厉害?他是怎么做到的?"

当地人回答:"他这个人非常喜欢读书,不管是报纸、杂志、书籍、网络文章,他都要仔细翻看。正因为如此,他积累了丰富的知识,在别人看来他似乎无所不懂,而且他比别人研究得更透彻和深入。"

成功的辩论者需要有超强的记忆力,只有这样才能做到言之有物,信手拈来。假如记忆力不佳,平时生活中遇到的素材就不太可能被有效吸收。当然,记忆力除了个人的天赋以外,后天涉猎知识的多少也是至关重要的因素,正所谓博闻才能强记。

> **沟通技巧**
>
> 成功只属于有准备的人。为了增加辩论的胜算,我们一定要严谨对待,精心准备辩论内容,并分析辩论对手的特点。当厘清辩论的大致脉络后,就能做到心中有数。

二、端正辩论态度,心平气和获得辩论胜利

当失去理智的时候,争辩也就无法避免了。处于争辩状态的人们会说出一些感情冲动的话,双方互相斗气,甚至有的争辩可能破坏多年的感情,无疑这是得不偿失的。

辩论时,我们应当注意自己的态度,不要因为对方意见相左而怒目相向,而要保持心平气和,头脑冷静,态度沉着。

总的来说,辩论时我们要遵循以下原则。

1. 说话清楚流利

一个人如果说话时口齿不清,结结巴巴,这只能说明他的思维紊乱,说出的内容没有价值,根本无法打动他人。

要避免说话结巴,首先要熟悉主题,做好充分准备,这样就可以增强自己的信心,增加说话的流利程度,从而更加坚信自己要讲的内容是正确的。

其次,发音要清晰。发音含糊不清是导致自己犹豫的一个原因。如果接连说话都不清楚,我们便会感到什么地方说错了,然后试图在头脑中找出哪里出了毛病,结果导致自己紧张,说出的前言也不搭后语。

最后,大声并充满热情地讲话也是提高流利度的一种手段。人们激动时声量会变高,语速会变快,此时语言似乎更加流利。所以,如果讲话时感到紧张,不妨大

点儿声，讲话更热情一些。

2. 语调自然变化

语调能反映出人在说话时的内心世界，其情感和态度也会被展示出来。当人们生气、惊愕、怀疑和激动时，表现出的语调大多不自然。

语调自然和谐才能愉悦人耳，无论谈论什么样的话题，说话者都需要让语调与谈论的内容互相配合，并能恰当地表明我们对某一话题的态度。

3. 声音大小适中

人的音量大小是可以调节的，可以时而高亢嘹亮，时而低沉稳重。当我们想引起他人兴趣时，便会提高自己的音量。有时为了获得一种特殊的表达效果，又会故意降低音量。一般情况下，我们应该平衡自身的音量，不应过高或过低。

其实音量的大小并不能充分展现语言的威慑力和影响力。我们不要以为大喊大叫就一定能说服和压制他人。声音过大只会招来别人的厌恶。每个人说话的声音大小有一定的范围，我们可以试着发出各种音量不同的声音，仔细辨听，找到最适合的音量。

4. 不要用鼻音说话

在日常生活中，我们经常听到"哼……嗯……"的发音，这就是鼻音。说话带着鼻音会让听者十分难受，感觉对方就像在抱怨，态度消极。如果想让自己所说的话更具吸引力和说服力，从现在开始减少使用鼻音吧。

5. 注意说话的节奏

节奏，即说话时由于不断发音与停顿而形成的强弱有序的周期性变化。在日常生活中，大多数人根本不考虑说话的节奏，说起话来能使人昏昏欲睡。因此，要想改变单调乏味的状态，我们说话时要适当改变节奏。

6. 以肯定的语气说话

人的自尊心很强，很容易因为某些微不足道的事就感到自尊心受损，然后反射性地表现出拒绝的态度。与对方辩论时，我们首先要倾听对方表达的内容，如果是无关大局的谈话，不妨给予肯定，而不是以一种怀疑的态度去反驳。如果不赞成对方的想法，可以告诉对方："你所说的有道理，但我也需要认真考虑考虑"，然后问对方："你对这件事有何看法呢？"让对方掌握判断权，辩论的氛围会维持在和谐的状态中。

7. 说话要有条理

条理清晰，逻辑严密，观点明确，这样的语言更能打动人。当双方争论不休、谈话没有头绪时，我们可以用简短的语言和清楚明确的观点震撼对方的心理。

8. 说话要充满热情

与死气沉沉的人相比，人们更喜欢同热情、富有活力的人谈话。因此，我们在说话时情绪、表情、动作都要充满热情，让人感受到我们的活力。

> **沟通技巧**
>
> 辩论在本质上是一种沟通和交流，因此，我们不能忽视说话沟通时的注意事项，尤其是说话的态度。我们不能为了获得胜利而失去理智，而要心平气和、态度沉着地与对方交谈，以自己的人格魅力和语言魅力打动对方。

三、釜底抽薪，浇灭对方虚假论据的火焰

釜底抽薪出自三十六计，意指办事要从根本上解决问题。辩论时，釜底抽薪指的是通过寻找对方论据中的漏洞来反驳对方观点的方法。

论点基于论据而成立，论据孕育出论点，所以只有论据真实才能得到正确的论点，基于虚假论据得到的只能是错误的论点。由此来说，釜底抽薪是辩论中最基本的一种技巧。当我们驳倒对方的论据时，就好比釜底抽薪，刨根倒树，从根本上反驳了对方的论点。

案例 57 正反双方辩论武将是否需要学文，正方"釜底抽薪"成功获胜

王志勤老师在班级里组织了一场辩论赛，主题为"武将是否也需要文才"。学生们对这一话题十分感兴趣，分为正方和反方纷纷展开论战，班级里变得很热闹。

王老师为学生们指导的时候发现有一组辩论的内容十分精彩，内容如下所述。

反方："武将不要文才也可以，因为武将的主要职责是带兵打仗，只要能指挥打仗就可以，学文纯粹是浪费自己的才能，避长扬短。"

正方:"我不认同反方的观点。我们知道,在知识的海洋里,每一门学科和知识都不是互相孤立的。武才和文才也是如此。武才要依靠文才来总结、交流和提升,而文才也可以依靠武才增加学习的内容,鉴别学习内容的真伪。一位高级军事指挥员曾指出过武将学文的各种有利之处:一是武将可以把自己带兵打仗的实战经验上升为理论,有利于后人学习;二是学习的目标可以督促自己不断进步;三是避免粗枝大叶,养成细致、认真和仔细的做事风格;四是学文可以加强武将的思想道德修养,帮助其养成勤于思考的好习惯;五是可以丰富业余生活,将武才和文才相互结合,使两者互补,这也可以使工作变得有张有弛。"

王志勤老师在这次辩论结束后特意表扬了这一组辩论学生,称他们的辩论很有风采,而且特别指出了辩论成功一方的取胜方法:"正方认为武将也需要文才,他通过分点论述武将的工作也需要文才来配合,将反方'武将能指挥打仗就行了,学文是浪费精力和避长扬短'的论据驳倒,进而反方的论点也就无法成立。"

使用"釜底抽薪"的方法时,我们要知道如何识"薪"。要想驳倒对方,就要从对方的论点中找到其要害论据所在。运用"釜底抽薪"辩论术时,要注意以下几点。

(1)找出对方观点或言辞中的漏洞,这是釜底抽薪的突破口。

(2)"抽薪"与"止沸"实际上是一对因果关系,而且它们之间存在一种必然的联系。在辩论过程中我们要运用这种必然的联系,通过原因证明或者否定结果,也可以通过结果证明或否定原因。

(3)对方的论据可能有很多,我们要想成功获胜,就需要抓住最主要的进行反驳,如果面面俱到,反驳也就失去了威力。

> **沟通技巧**
>
> 论点是基于论据成立的,我们要想推翻对方的结论,就要找出对方论据中的错误。当我们驳倒了对方的论据之后,其论点也就不攻自破了。

四、一点突破,迫使对方迅速失去辩论优势

当我们与对方展开辩论,遇到难以突破的辩论局势时,可以针对对方的某些弱点、缺点或疑点发起攻击,进行突破,以点带面,达到驳倒对方观点、取得辩论胜利的目的。这就是"一点突破"的辩论技巧。

为了灵活巧妙地运用这种辩论技巧,我们要注意以下三点。

第八章
辩论驳心：逻辑与语商在线，辩论交锋激起舌尖风暴

1．针对对方的弱点进行突破

对方在辩论过程中总有其薄弱之处，如性格弱点、论据不足、论证不严谨、举例不恰当、表达不妥当等，恰当地利用这些弱点，我们可以迅速突破对方的防线，尽快取得辩论的胜利。

2．抓住对方的缺点进行突破

尽管在生活中人们通常秉承"打人莫打脸，骂人莫揭短"的处事方式，而在辩论中却可以抓住对方的缺点进行突破，打破辩论僵局，取得辩论的胜利。

案例58　某居民怀疑邻居偷拿东西，民事调解员提其往事使其羞愧难当

柳桥英生性多疑，经常因为怀疑别人和邻里闹得很僵。有一天，柳桥英放在屋外的东西不见了，她怀疑邻居张巧玲偷了，便站在门口指桑骂槐，引来其他邻居围观。

张巧玲的丈夫只是生闷气，而张巧玲咽不下这口气，说柳桥英血口喷人，想要拉她去居委会评理，说话间两人厮打起来。

民事调解员正好来到这里，赶忙把她们拉开，耐心地倾听了她们的述说，当即判断主要问题出在柳桥英这里。于是，他直截了当地问道："你说张巧玲偷了你的东西，你看见了吗？"

"没有。"

民事调解员严肃地说："你这样做可就不厚道了。'捉贼抓赃'是所有人都知道的道理，既然你没有证据，为什么一口咬定是她偷的？这样大吵大闹，你就不怕冤枉了人？今年春天，你家丢花盆的事你难道不记得了？"

民事调解员的这一番话让柳桥英羞愧不已，脸变得通红。原来，春天柳桥英买了一盆花，由于自己光顾着玩手机，在电梯里把花盆放在地上，出电梯时也忘了拿。邻居的孩子在乘电梯时看到了这盆花，不知道是谁的，正打算找物业看监控，正好被她发现，非说人家偷她的。等孩子说明了情况，小区居民都纷纷指责她不讲道理，冤枉好人。

民事调解员也记得这件事，他有意提起这事，正好点到她的短处，柳桥英冷静了许多，当即向张巧玲道歉。

3．针对对方言论中的疑点进行突破

事实胜于雄辩。在辩论中要想使对方无话可说，我们可以敏锐地抓住其观点中的疑点，运用常识性的知识反驳。

总之，在辩论中运用"一点突破"技巧，关键是要选准能致对方于"死地"的弱点、缺点、疑点等，然后出其不意，攻其一点，以点带面、全线突破，获得辩论的胜利。

> **沟通技巧**
>
> 遇到辩论僵局时，我们不能气馁，而要细心找到对方的漏洞和缺点，运用"一点突破"的技巧，攻击对方某一点的错误，从而全面推翻对方的结论。

五、识别"稻草人"谬误，不被对方牵着鼻子走

伫立在麦田里的稻草人是用来吓跑乌鸦的，但是逻辑学上的"稻草人"是一种非形式谬误，唯一的作用是供人殴打、发泄怨愤。"稻草人"谬误是指在辩论或讨论中有意或无意地曲解对方的观点，针对曲解后的观点进行攻击，然后宣称已经推翻对方的观点。这一曲解后的观点便是所谓的"稻草人"。

相对而言，"稻草人"是比较容易对付的事物，只是一个替身，不能反抗。"稻草人"观点只是一个被曲解、被断章取义的论点。攻击"稻草人"，不论多么猛烈，被击倒的也只是替身，真正想攻击的对象并未受到攻击。

甲：我喜欢日语歌曲。

乙：什么？日本在第二次世界大战中是军国主义国家，曾侵略中国，你怎么能喜爱他们国家的歌曲，你是不是喜欢日本军国主义？你这个卖国贼！

"喜欢日语歌曲"与"喜欢日本军国主义"没有一点联系，乙为了驳斥甲的观点，编造了一个"喜爱日本军国主义"的"稻草人"，然后打倒，从而得出错误结论：喜爱日语歌曲就是卖国贼。

有的"稻草人"谬误塑造得非常成功，一时之间对方竟然无言以对，因为对方难以发现这种论据的问题在哪里。

甲：我这个人比较喜欢大自然的奇观，从小就特别喜欢台风天气。

乙：你怎么这么冷血呢？你知道一场台风会造成多少人遇难吗？

台风的破坏力很大，这是人所共知的事实。甲虽然说自己喜欢台风天气是因为欣赏自然奇观，但在乙的道德大棒打击之下，只能百口莫辩。

案例59 教师向主管提出加薪请求，主管捏造"稻草人"回避加薪

张德东是一家培训机构的教师，平时工作认真热情，而且改进了教学方法，帮助学员提高了能力和成绩，为此颇受学员喜爱。不过，他对自己的薪酬很不满意，

觉得太低，与自己的付出不相匹配。

他发现主管一直没有给自己加薪，便忍不住找到主管说："主管，我所教的这堂课的学员对我的评价很高，班里的锦旗也很多。你看我的课时费已经两年没涨了，这次能不能涨点儿啊？"

主管立刻翻了脸："我真是太失望了，没想到你认为挣多少钱比钻研教学更重要。你这么年轻就有这种思想，真是可惜了！"

张德东一副委屈："我刚才没这么说啊！"

主管吼道："那你的意思是说我是个老糊涂吗？"

张德东被主管的气势吓住了，便不再向他提加薪的请求。

为了不涨工资，主管刻意捏造了一个"稻草人"，即"教师认为挣钱比钻研教学还重要"，以此规避教师的涨薪要求。其实这就是一种诡辩和无赖行为。

"稻草人"谬误是一种逻辑诡辩的常见方法，但它的影响力实在有限，没有说服力，只要我们逻辑能力强，是不会被对方牵着鼻子走的。

增强辩论力的最有效方法是预测对方可能出现的逻辑谬误并先发制人。我们在辩论时要紧扣对方的论点，尽最大努力驳斥对方观点中最为关键的部分，才能增加辩论胜利的可能性。

> **沟通技巧**
>
> 对方刻意捏造一个"稻草人"，其目的就是攻击我们的观点，使我们无从反击。但这种逻辑谬误实际上不堪一击，只要我们逻辑思维能力强，识破其诡计，就可以从容不迫地提出反击的观点。

六、巧妙反驳，让对方不得不接受你的观点

辩论过程中，我们要用充分的理由来说明自己对事物或问题的见解，并指出对方观点中的错误，从而使对方最终接受我们的观点。辩论是一个观点碰撞的过程，当对方说出某个观点时，若想要促使对方认可我们的观点，我们就要想方设法驳斥对方的观点，这就是反驳。

反驳要有力度才能驳倒对方。那么，怎样才能使反驳有力度呢？

1. 反面反驳

正面反驳是辩论中最常用的反驳手法，主要是以理服人，用最简单的语言和最

简单的逻辑推理证明对方观点的错误。反面反驳是对正面反驳的补充，使思路显得更加周全，论证更有说服力，从而使反驳无懈可击。

甲：发展旅游业弊大于利，因为国家的第一产业和第二产业还没有发展成熟，第三产业再怎么发展也犹如空中楼阁，特别不现实。

乙：发展旅游业利大于弊，它可以增加财政收入，提高旅游地区的收入水平，丰富人们的娱乐生活。如果发展旅游业弊大于利的话，为什么很多国家都大力发展旅游业？难道这些国家的领导人都是非常愚蠢的吗？

2. 事例反驳

事实胜于雄辩，只要我们能发现对方辩词中存在的明显错误，就可以摆事实，列举与对方观点相反的典型事例，证明其谬误。这种反驳非常有力度，使用得也非常多，常常驳得对方哑口无言。

3. 反问反驳

反问是用疑问的句式表达肯定的内容，反问反驳不仅能够证明自己的观点，而且与正常句式相比更有力度，可以在气势上压倒对方。

案例60　学生否定中国当代文学，作家只用一句反问就让他哑口无言

有一次，著名作家刘醒龙与学生们座谈，谈到中国文学环境时他说道："20年来，中国的文学环境出现了前所未有的好局面。如果对此持否定态度，是因为他不是一个好读者，他没有去读或者在阅读时戴着有色眼镜。"

一位学生站起来否定他的看法："我从来不读中国当代文学，因为没有一篇好作品。"

刘醒龙反问道："没读过怎么知道不好呢？"

学生无话可说。

这位学生的逻辑明显自相矛盾，刘醒龙用一句反问就驳斥了他的观点。刘醒龙首先发现对方观点的逻辑错误，然后用反问的形式来否定，其反问在语气上很有力度，逻辑严密，使对方陷入无法回答的窘境。

4. 比喻反驳

用比喻的方式把某些很抽象的道理具体化和形象化，可以把道理讲得更通俗，同时避免浪费口舌。

5. 借力反驳

以他人之矛，攻其之盾。利用对方的话作为武器来反驳对方，借力打力，让回答变得巧妙生动，使对方自打嘴巴。

6. 幽默反驳

幽默可以活跃气氛，对错误言论的批驳也可以使用幽默的方法，绵里藏针，让人在良好的气氛中甘于落败。

> **沟通技巧**
>
> 当对方说出自己的观点时，我们要想说服对方，必然要反驳对方的观点，有力度的反驳更容易使对方心服口服，从而获得对方的认同。

七、举个反例，让"对的"立即变"错的"

以偏概全是指仅根据少数事例就得出一般性结论的简单化的归纳方法。辩论过程中，如果发现对方以偏概全、轻率概括，做出某种虚假的全称命题，我们只要举出任意一个与之相反的事实就能将对方驳倒，这便是例证辩驳术。

例证辩驳术之所以能驳倒以偏概全的全称命题，是因为关于某类事物的全称命题与关于该类事物存在反例情况的命题之间是矛盾关系，因此，只要指出一个反例就可驳倒对方的观点。

案例 61 罗永浩与王自如视频直播论战，以苹果手机获得成功呛到对手

2014年8月1日，科技视频平台Zealer发布了锤子手机Smartisan T1的评测视频，其CEO王自如在视频中列举出该手机的诸多弊端。于是，锤子手机创始人罗永浩于8月12日在微博上约王自如上优酷做现场直播节目并当场对质，两人针对"锤

子手机是否易碎"等问题展开了激烈的辩论。

在"锤子手机是否易碎"这一问题上，王自如认为锤子手机易碎，而罗永浩承认了这一点，但他强调这是公司更注重产品美观度，为了增加美观度，宁愿牺牲一些耐摔性。

王自如认为，假如一部手机的易碎程度符合业内标准，并没有差太多的话还是可以接受的，但如果在易碎程度方面差得太多，低于业内标准，在他看来无法接受。

这时罗永浩提到，首次使用大玻璃屏的苹果手机以低于业内耐摔标准的机子获得了巨大成功，并反问王自如是如何看待这一问题的。王自如一时之间没能给出满意的答案。

从辩论的角度来说，当王自如说出"假如一部手机的易碎程度符合业内标准，并没有差太多的话还是可以接受的，但如果在易碎程度方面差得太多，低于业内标准，在他看来无法接受"这样的观点时，就等于是给自己挖了一个坑，只要罗永浩举出一个反例，证明某手机耐摔性低于业内标准但获得成功，王自如的观点就无法站住脚。

其实，当罗永浩攻击到自己的逻辑漏洞时，王自如应该迅速说出自己观点的大前提，即"在其他情况都一样的情形下，如果一部手机的耐摔性低于业内标准，这样的手机无法令人接受"，同时讨论让苹果手机获得巨大成功的真正原因，如操作系统、软件以及宣传等，并指出即便有这么多的优势，苹果手机屏幕易碎仍然是其手机的一个减分环节。如果脱离其他条件而单独谈论屏幕易碎的问题，很容易让对方抓住漏洞，导致自己进退两难。以罗永浩的话来看，要是只看耐摔性的话，看看诺基亚的下场就好了。

> **沟通技巧**
>
> 以偏概全可能是辩论对手故意为之的一种诡辩术，想要以此达到自己的辩论目的，也可能是思维不严谨导致的。这就要求我们辩论时保持良好的心态，保证逻辑思维严谨，当发现对方以偏概全时，及时举出反例推翻对方的观点。

八、巧用归谬，对方的荒谬观点不攻自破

归谬法是辩论中经常用到的一种技巧，这种技巧以对方的论点为前提，推论出一个非常明显的荒谬结论，从而证明对方论点的虚假性。这种技巧不仅在逻辑上使对方无可辩驳，而且充满了诙谐幽默，更加活跃辩论场中的气氛。

第八章
辩论驳心：逻辑与语商在线，辩论交锋激起舌尖风暴

归谬法就像一面放大镜，能让错误的论点或论据立刻显露出来，因此辩论时经常被运用，其一大特征是运用类比推理，抓住对方观点中的谬误之处，援引性质或特点相似的事物进行类比，推导出一个对己方有利，而对对方不利的论点，反衬出对方观点的荒谬。

案例 62　学校禁令不合情理，大学老师直率滑稽模仿以示讽刺

某大学老师性格直爽，看到某些不正常的现象或者不公平的现象总要说几句。他任教的大学突然发布一条禁令："本校不允许男女同学一同游泳，这样有伤风雅。"

这名大学老师觉得学校的这条禁令有些不合常理，他自言自语道："现在都什么时代了，学校的领导居然还这样保守。"

于是，他打算讽刺一下这条禁令。第二天，他在个人的社交网站上发表了一段话，并抄送给大学官方网站。

"同学一起游泳，皮肉偶尔相碰，有碍风雅。不过这样还不够，就算男女不在一起游泳，他们还是在一个天地里生活，一起呼吸天地之间的空气。空气从这个男人嘴里呼出来，进入另一名女生的鼻子里，又从那个女生的嘴里呼出来，进入另一个男人的鼻孔里。空气被不同的男女呼吸触碰，这比皮肉相碰还要让人觉得恶心。如果想要彻底划清界限，不如再下一道禁令吧，规定学校里的男女学生一律戴上空气净化口罩，既能防止呼吸污浊空气，还能避免男女同学见到对方的脸。"

这位大学老师利用空气在男女同学之间辗转流通的事实，风趣幽默地讽刺了学校领导保守的观念，指出其不合理性。

归谬法可谓语言上的"以毒攻毒"，当我们发现对方的言语中存在诡辩时也可以运用这一技巧。

案例 63　面包店老板给男孩的面包较小，其逗弄的理由被男孩聪明驳回

王廖是个5岁的小男孩，他经常独自去面包店买面包。有一次，他发现自己买的面包比平时小得多，就问老板："这个面包怎么这么小啊？"

沟通心理学
为何你说话别人总不爱听

老板觉得他还是个小孩儿，就逗弄他说："这样你就方便拿了。"

王廖没有争辩，放下一元硬币就走，老板赶紧制止道："小家伙，一块钱可不够啊！"

王廖笑着说："没事，这样你就方便收钱了。"

采取归谬法反驳对方，往往能够"话半功倍"。要想熟练地运用归谬法，我们就要训练自己的逆向思维，克服心理定式，尝试从新的角度考虑问题。

> **沟通技巧**
>
> 归谬法是富含幽默的辩论术，当我们发现对方的论据中存在谬误时，可以佯装认可他的论据，并根据他的论据推导出其他谬误，这就类比式地证明了对方观点的谬误。

第九章

销售诱心：说客户中意的话，成交其实也很简单

销售人员要能发掘客户内心的需求，保持信心十足的姿态，运用合理的方式刺激客户的购买欲望。当销售人员说出令客户心动的话语后，客户的购买行为也就自然而然地产生了。

一、躲开与客户交谈的"雷区",避免祸从口出

说话看起来很容易,其实有很多讲究。俗话说,"祸从口出",在与客户交谈时有些话不该说,但很多销售人员就因为说错一句话而毁掉了一笔订单。

那么,作为销售人员,我们究竟要避开哪些语言"雷区"呢?

1. 不要说过多的专业性术语

销售过程中,虽然专业性术语能够体现我们的专业性,但术语过多会导致客户理解困难,从而使客户产生怀疑。如果我们能够将术语转变成通俗易懂的话,客户听得明明白白,这样更有利于达到有效沟通的目的。

案例 64 寿险业务员说出太多专业术语,客户心生反感拒绝签单

王芳刚刚进入一家保险公司,工作还不到两个月。她主要为客户办理寿险业务。

由于刚刚接受了公司的专业培训,王芳掌握了不少寿险的专业知识。她一打通客户的电话就向他们炫耀自己是寿险行业的专家,将一大堆专业术语塞给客户,客户听后感觉艰涩难懂,压力很大。

有的客户同意见面商谈,见面之后,王芳又开始大力发挥自己的专业优势,说出一大堆保险术语,如"豁免缴费""趸交保费""费率""承保""核保"等,客户听得如坠云里雾里,内心十分反感,于是便拒绝接受她的保险服务。

最终,王芳在不知不觉中失去了很多促成签单的机会。

王芳的错误在于她没有弄清楚客户并不是寿险专家,他们不懂那些专业术语。既然他们听不懂,也就没有购买的想法。例如,"趸交保费",估计很多人都不知道第一个字怎么读,更别说知道它的意思了,如果说出其通俗的含义,即"所有保费一次缴清",这样说,客户立刻就明白了。

2. 不说批评性话语

销售人员不仅要售卖产品,也要提供服务,所以作为服务人员,对客户说出无脑的批评性话语只会伤人伤己。例如,当我们到客户家拜访时,发现客户家的楼道很窄,或者客户穿衣不很搭配,不由自主地说出:"你家这楼道真窄!""这双鞋和你的衣服一点儿也不搭。"这些脱口而出的话语里包含批评的意味,虽然是无心之语,

第九章
销售诱心：说客户中意的话，成交其实也很简单

但是客户听起来也会感觉不太舒服。

俗话说："良言一句三冬暖，恶语伤人六月寒。"我们一定不可贬低客户，而是要赞美客户。到客户家拜访时说一句："您家装修得真典雅，和您的气质真相配！"这样一句简单的赞美之语就能活跃谈话氛围，为接下来的沟通奠定良好的基础。

3. 不说夸大之词

我们不能因为追求一时的销售业绩而夸大产品的功能和价值，否则客户在日后使用产品的过程中终究会明白真相，再想获得客户的信任就难得多了。

任何产品都不是完美无缺的，我们应该站在客户的角度，帮助他们分析产品，"货比三家"，以真诚的态度对待他们，这样才能使其心悦诚服地接受产品。

4. 少提质疑性问题

很多销售人员在介绍完产品或者回答完客户的问题之后，想要知道客户是否明白自己所说的话，于是便问客户"你明白了吗？""我的意思你懂吗？""这个问题挺简单的，你了解了吗？"

这种问话方式类似于老师或长者在向学生或晚辈发问，往往会让客户觉得自己没有得到尊重，自尊心受到了伤害，从而使其心生反感，激起逆反心理。

如果我们实在担心客户听不明白，可以试探着询问对方："还有什么地方需要我进一步详细说明吗？"这样的询问方式更容易让人接受。当客户真有不明白的地方时，他会主动提出来，或者要求我们再次说明。

5. 回避不雅之语

销售产品时，我们不仅要注重产品的特点和优势，也要向客户展示自己良好的个人形象，做一个有涵养、有文化的人，不要说出不雅之语，以免给销售带来负面影响。例如，推销寿险时，我们的话语中要避免出现"死了""完蛋了""没命了"等敏感词汇。

涉及比较敏感的词汇时，我们要用委婉语来表达，如"死了"可以用"去世""走了""离开了我们"等来代替。不雅之言是销售过程中必须回避的话语，避开这个"雷区"也就等于向成功迈近了一步。

> **沟通技巧**
>
> 销售离不开嘴，但嘴巴张得过大，难免会祸从口出，殃及业绩和职业发展。要想避免这一点，我们就要避开各种语言上的"雷区"，从而离成功更近一步。

二、提供有价值的信息，用专业打动客户的心

销售人员必须要灵活掌握向客户解说产品的技巧，在此过程中，我们的语言表达水平直接关系到客户的最终选择。

对客户来说，他们都希望面前的销售人员专业素质高，因为销售人员越专业，他们就能够得到更多的保障，心里也就更放心。因此，我们在为客户解说产品时要展现出专业水准，用最吸引人的方式将产品的优越性展示给客户。

专业性主要体现在以下几个方面。

1. 自信地进行专业解答

如果说销售成功95%靠的是热情，那剩下的5%靠的就是产品知识。销售人员只有具备了丰富的、专业的产品知识，才能应付任何关于产品的问题，具备产生自信的底气。

案例 65 客户询问空调价格高的原因，销售人员回答不出导致客户流失

一位客户来到某商场购买空调，观察一会儿以后问销售人员："这个空调和那个空调看起来差不多啊，怎么价格贵这么多？"

销售人员看了一眼，说："因为这一款是最新的产品，质量更好。"

客户依然不满意，又问道："我知道这一款的质量更好，我想知道它究竟好在哪里？它有什么突出的优点，要值那么多的钱？"

销售人员犹豫了一下："嗯，这个我也不太清楚，我只负责销售。"

客户听了这句话，头也不回地离开了这家店。

这位销售人员就是因为欠缺专业知识，缺乏专业素质而丢失了一位具有强烈购买意向的客户。

销售人员进行销售之前一定要充分了解产品的一些基本特征，如产品名称、产品技术参数、产品物理特性等。因为客户最关心的是产品为自己带来的利益，所以我们还要重点说明产品的效用。

2. 语言简练、专业

对于一名具备专业素养的销售人员来说，精练的销售语言是很有必要的。如果在介绍产品的过程中，语言过于冗杂、拖沓，会让客户觉得我们有失水准，失去挑选产品或者倾听产品信息的耐心。

第九章
销售诱心：说客户中意的话，成交其实也很简单

因此，在向客户介绍产品时一定要说出最精炼的话，使产品的销售活动尽可能高质量、高效率地展开。

案例 66　销售员拜访客户总遭拒绝，前辈指出原因：话语毫无章法

刘凯帆做销售员有一段时间了，但是他几乎没有获得过订单，为此异常苦恼，便向一位前辈请教。

前辈让刘凯帆回忆最近一次拜访客户失败的情况。刘凯帆回忆，那一天他去拜访客户时是这样说的："王先生，您好，您现在有时间吗？很不好意思打扰您。我姓刘，是××公司的销售人员，我想给您介绍……"

不等他说完，王先生便回道："对不起。我正忙，对此不感兴趣。"说着就让秘书送客，刘凯帆只好离开。

听完刘凯帆的讲述，前辈问道："小刘，你知道为什么客户在你说了几句话之后便直接拒绝你吗？"

刘凯帆心想，现在客户不都是这样的吗，这能有什么原因啊？

前辈见他不吱声，便解释起来："首先，你应该说明来意，而不是直接问对方有没有时间。恐怕没有哪位客户会主动说自己有的是时间；其次，你在正式介绍产品前的表达是'我想给您介绍……'这样说一点儿也不专业，显得自己没有自信。总之，你在和客户沟通时说的话不少，但都没有切中要害，显得毫无章法。"

刘凯帆的前辈所说的话十分有道理。向客户介绍产品的语言一定要专业、精炼，如果内容冗杂，客户不会坚定购买信心。精炼的销售语言不但能为客户节约时间，还能展现销售人员的专业素养。

3. 借助权威语言和数字

销售人员介绍产品时，客户内心其实一直存在质疑，为了证明自己选择的正确性，减少购买的风险，他们会向销售人员提出各种问题。人们对于权威语言和数字似乎更能产生信服感，用权威语言和数字清楚地表达出产品优点，能够让客户信服，更有力地说服其进行购买。

> **沟通技巧**
>
> 只有获得充分的信息，验证了自身的想法，客户才会决定购买产品。销售人员在为客户解说产品时一定要展现出专业素养，用专业的产品知识说服客户，使其相信购买产品是正确的选择。

三、运用"二选一"法则，让客户按你的思路思考

销售产品时，销售人员肯定希望客户能够按照自己的推荐选择产品，但如果把自己的意愿强加给客户，客户肯定会反感，导致产品无法销售出去。

要想掌握销售的主动权，我们应该合理运用"二选一"法则。那些有经验的销售人员非常善于利用该法则来促使客户购买自己的产品，并且屡试不爽。他们往往会问客户"您好，我们这里新到了两款衣服，您是喜欢红色的还是蓝色的？""先生，您想要什么时候送货？明天还是后天？"

通过提出"二选一"式的问题，让客户从中做出选择，不管哪一个选择对销售人员都有利。而对客户来说，他们认为做出的选择是自己的主动行为，也不会产生抗拒心理。

案例67 因服务员向客户提出"二选一"问题，早餐店增加了营收

张若纶和王苏传各自开了一家早餐店，而且两家店相互挨着，客户量也差不多，然而到了晚上一结算，张若纶家的早餐店总是比王苏传家的早餐店多挣一些钱，每天都是如此。这是为什么呢？

问题就出在服务员身上。王苏传早餐店的服务员在给客户盛一碗粥后会问："加不加鸡蛋？"如果客户说"加"，服务员就给客户加一个鸡蛋，但有的时候客户会说"不加"，差不多各占一半。

张若纶早餐店的服务员则不一样，她会问客户："您是加一个鸡蛋，还是加两个鸡蛋？"这样一来，客户的思路被服务员引导着，如果想吃多点儿，就加两个鸡蛋；如果节俭一些，就加一个鸡蛋。

因此，张若纶家的早餐店总是比王苏传家的早餐店多卖出很多鸡蛋，盈利自然更多。

在构思"二选一"的选项时，要注意几点。

（1）一定要以第三方的角度提出询问，而且所针对的商品必须是客户准备选择的。

（2）提问时最好不要出现"买"字，这样客户就会觉得这是自己的选择，拒绝的可能性便降低了。

（3）最好提供两个选项，太多的话会让客户难以抉择，影响成交，甚至使交易中断。

当客户用某种理由推诿时，销售人员也可以给出一个"二选一"的选择题来主导销售过程，让销售进程始终朝预期的方向发展。

第九章
销售诱心：说客户中意的话，成交其实也很简单

例如，客户说出"我没钱"时，销售人员可以对他说："先生，如果您说的情况属实，那您很有必要做一个理财规划。刚好我们有这方面的服务，您看什么时间合适呢？是这周六还是周日？"

销售是一个运用策略的过程，只要我们能主导客户的思维，距离销售赢家就更近了一步，而"二选一"法则就是主导客户思维的有力手段。

沟通技巧

当我们向客户提出"二选一"的问题时，不管客户怎样选择都有利于我们。客户会认为这是他们自主做出的选择，所以拒绝的可能性很低。

四、发掘客户需求，使其产生按捺不住的购买欲望

需求是客户购买产品的根本原因，不同的人面对同一类产品，其需求也是不同的。例如，几个人选择购买同一部轿车，有人看中的是轿车安全系数高；有人看中的是坐车时的舒适感，也有人看中的是轿车的外形风格。因此，销售人员一定要掌握客户的关心点，了解其内心诉求，并证明需求是能被满足的，这才是销售的关键。

欲望是人们需要满足的愿望，是一种积极的、能转化为动机和行为的情感和心理定式。而销售就是激起客户对产品的兴趣后，使客户产生拥有产品的欲望，从而促成其购买行为。

掌握客户的关心点，就可以使客户对产品产生兴趣，从而激发购买欲望。而销售人员可以从以下方面入手证明产品能够满足客户的需求。

产品功能满足客户需要
满足客户对购买方式的选择
客户购买的情感需要
充分说理，并提供大量信息

1. 产品功能满足客户需要

需求是一切销售的前提，产品功能是客户产生购买欲望的根本。客户之所以会购买产品，肯定是看中产品的某一方面才选择购买的。产品的功能满足客户需要是

非常重要的原因，如果没有需要，即使销售人员说得天花乱坠，客户也不会购买。

2. 满足客户对购买方式的选择

当客户对产品感兴趣时，就会考虑购买方式，如购买是否方便、付款之后多久送货、售后服务如何等。将这些要素恰到好处地指出来，客户会更快地做出购买决定。

3. 客户购买的情感需要

有时消费者的购买欲望源自情感，或者说在购买行为中，有时情感的选择大于理智的选择。因此，销售人员可以营造出感情色彩浓厚的销售环境，刺激客户产生购买欲望。

4. 充分说理，并提供大量信息

情感只是一个心理过程，随着时间的推移会消失，只有信息与道理才能加深理解，并使已形成的购买欲望向行为转化。因此，销售人员需要不懈努力，向客户提供大量与产品相关的信息。当然，要想将客户的欲望向行为转化，销售人员还有很多需要做的地方。

（1）客户产生兴趣后，销售人员要及时检验其对产品的认识程度，如询问是否有不明白、不理解的地方，是否需要进一步示范及说明。如果客户做出肯定的答复，要及时解释、示范与说明，直至其彻底理解。千万不要忽视客户不理解的地方，否则将成为销售的阻碍。

（2）如果发现客户对销售人员、公司及产品仍有不信任或疑虑之处，销售人员要坚信精诚所至，金石为开，更要继续做好以诚待人、以情感人、以理服人、以利动人的工作，努力改变客户的态度。

（3）客户在购买前会权衡利弊得失，如果销售人员能有针对性地进行多方诱导，帮助客户意识到拥有产品的多方利益，这会加强其购买欲望，也会促使其更快地做出购买决定。

> **沟通技巧**
>
> 需求是产生购买欲望的根本原因，只有找到客户的购买需求，销售人员才能有针对性地为其提供产品信息，激发其购买欲望，从而使其做出购买行为。

五、抛出具体数字，赢得客户的信赖

销售离不开数字，有时销售人员滔滔不绝地向客户介绍产品，客户毫不动心，

第九章
销售诱心：说客户中意的话，成交其实也很简单

而当列出有关产品的几个数据时，销售人员的话似乎有了力量，客户对产品充满了兴趣。在销售工作中，数字往往比文字有着更多的客观性和权威性。

介绍产品时，客户心存疑虑是很正常的，为了减少购买的风险，他们会提出各种问题，此时我们可以借助数字增强客户购买的信心。

案例 68　销售员用数字激起老客户兴趣，数据促使其签单

王朝辉是一位食品销售员，口才出众，会娴熟地运用各种销售技巧，源源不断地开拓了很多客户。

有一次，他所在的公司又开发了一批新产品，他带着新产品去见一个老客户。临行前，他在内心仔细思考了一番：如今竞争越来越激烈，就算是面对老客户也不能单纯依靠交情谈生意了，一定要想一种新方式来打动对方。

缜密思考之后，他前去拜访客户。一见到老客户，王朝辉就热情地上前握手，开门见山地说："您好，我又来了。我有个好消息要告诉您，现在我手头上有笔能让您净赚50万的生意，怎么样？您有没有兴趣？"

老客户一听，急忙说："50万？当然有兴趣了，你快说！"王朝辉带着一股兴奋的神情说道："经过我调查得知，年底前香料的价格最起码会上调20%，如果贵公司仍然保持以前的销量，那么今年贵公司能出售……"王朝辉边说边有条理地记录下相关数据，然后递给客户看。他列的每一个数据都非常精准，说服力很强。这些数据很快就得到了老客户的认可，并签订了这个订单。

销售人员首先要读懂客户的心理需求，在此基础上运用详细而精准的数字为客户做出分析，让对方看到产品能给他带去的好处。客户会因此感受到专业和权威，因此更加相信销售人员的话，也会坚定地认为根据销售人员的建议所做出的选择对自己是有利的。

那么，数字在销售过程中到底有何神奇之处呢？

1. 数字能够赢得客户信赖

数字往往能使销售人员看起来更专业、更权威、更可信。如果只是嘴上说得动听，却拿不出事实依据，客户就会觉得销售人员说得不可靠。

因此，通过数字进行说明能树立起可信赖的销售形象，使销售人员和客户的情感联系更加紧密。

2. 数字能够量化优点

不管产品具备什么样的优点，如果只是用抽象的语言阐

述，口说无凭，客户难以感受到，也就无法相信其真实性。只有当这些优点被量化，呈现在客户面前时，他们才会相信。数字就是量化优点的"利器"了。

如果卖电脑，销售人员却说不出硬盘的容量；卖手机，却不知道拍照的像素是多少；卖空调，却不清楚耗电量有多大，这样如何让客户放心购买？客户无法获得直观的数字，自然就对产品的质量产生怀疑，购买产品也就无从谈起。因此，详细、准确的数据说明是客户进行产品对比的一种重要依据。如果客户看到产品或服务的优点，自然会愿意购买。

> **沟通技巧**
>
> 数字是一种直观的信息呈现方式，能够快速地为人们传递重要信息。当销售人员在为客户讲述产品的特点时，不妨说出产品的数字特征，不仅能够提高说服效率，还能加强自身的权威感，获得客户更多的信赖。

六、价格细分，打消客户对价格的异议

有时不管报价是高是低，客户都会觉得太高了。他们会想方设法地砍价，甚至提出的价格低得让人无法接受。这种心情可以理解，买家都希望用最少的钱买最好的产品。

销售人员自然不想降低售价，对于客户的这种反对意见，销售人员必须向其证明产品价格的合理性，使其知道产品物有所值。究竟怎样才能说服客户，让其认为价格合理呢？价格细分是一种不错的方法。

案例69 客户认为眼镜太贵，店主用价格细分法成功说服其购买

刘晓明到眼镜店配眼镜，先后看了两种眼镜，一种很便宜，但样式不太满意；一种样式很好，但价格很贵。这让他一时之间没了主意。店主看他犹豫不决，建议他购买那副贵的眼镜："这副眼镜特别适合您！"

刘晓明摇摇头，皱着眉头说道："样式挺好看，就是价格贵了些。"

店主笑着说："这副眼镜是比另一副贵一些，但咱们戴眼镜不可能就戴一两天，要戴很长时间的，咱们姑且按3年计算。"

店主随手拿起计算器，一边计算一边说："这一副比那副贵不到200元，也就是每年贵大概67元，每月贵大概5.6元，每天贵——"店主有意拉长声音，把计算器

伸到刘晓明眼前，"不到2角钱。您看，每天多花不到2角钱就更潇洒，更有风度，这绝对是更划算的选择啊！"

店主的这一番话让刘晓明心动不已，于是痛快地掏出钱，高兴地购买了那副贵的眼镜。

价格细分能够减弱价格数字给客户带来的冲击力，从而消除客户对商品价格的异议。细分价格时可以采用两种方法。

<— 拆散法　价格细分　平均法 —>

1. 拆散法

如果客户认为价格太高，销售人员不要马上反驳，而是让客户充分了解、体验产品，使其感受到产品的优点。

对于那些可以拆装的产品，销售人员可以将产品的几个组成部件拆开，一部分一部分地来解说。这样会让客户觉得每一部分都不贵，产品是物有所值，甚至物超所值的。

2. 平均法

将产品的价格依次平分到每月、每周、每天，这种方法对一些使用期限较长的产品最为有效。因为这些产品使用期限比较长，平均到每一天，即使再贵的价格也会显得非常实惠。再加上这样的产品在质量上更胜一筹，客户的理智会告诉他选择性价比更高的产品。

在可能的情况下，销售人员要尽量用较小的计价单位报价，这样可以削弱价格的昂贵感，客户更容易接受。

> **沟通技巧**
>
> 客户对价格非常敏感，但这是可以被调节的。如果将客户认为的高价进行细分，通常将价格细分到每一天，算下来价格数字会变得很低，客户会被价格的"小数目"所打动，认为产品其实并不贵，从而改变其原来的想法。

七、随机应变，灵活应对客户的拒绝

据统计，销售人员每做成一笔生意，平均要受到179次异议或拒绝。在销售的过程中，销售人员可能会遇到五花八门的拒绝理由，如"价格太高了""我现在还不想买""你们家的产品我用不习惯"……

对销售人员来说，被客户拒绝是一件司空见惯的事情，没有必要为此感到灰心丧气，情绪冲动。优秀的销售人员在遭到客户拒绝时可以做到临危不乱，不动声色，随机应变地用几句"巧言妙语"化被动为主动，然后促成交易。

案例70 保险推销员遭到总经理拒绝，询问真正原因后提出方案化解难题

曾源是一位出色的保险推销员，由于业绩突出，人送外号"常胜将军"。有一次，他向某家公司的总经理推销寿险，可对方一听他是卖保险的，态度变得十分强硬："随你怎么说吧，我肯定不会买的！"曾源虚心请教："您能不能告诉我，为什么您一定不会购买我的保险呢？"

"最近经济不景气，公司财政出现危机，本来钱就不多了，每年再往外掏钱买保险，我们公司的情况不就更差了吗？"谈话一时陷入困境，但曾源没有退缩，追问道："除了财政危机，还有没有别的原因？我想知道，是什么让您如此坚决？"

总经理考虑了一会儿，坦诚地说道："唉，我的顾虑可不止这一点，我有两个儿子，刚刚大学毕业，在我自己的公司里工作。我是他们的父亲，我总不能把公司赚来的利润再割出去一部分，那他们的生活如何保障？"

曾源笑着说："让我亲自为您设计一个方案吧，我保证您的财产不会流失一分一毫，而且会全面地顾及您的儿子，让他们有更好的保障，这不正是您最关心的事吗？"

总经理顿时来了兴趣，曾源细心为其讲解了保险方案，最后成功说服他购买了一份寿险。

曾源在被客户拒绝后并没有立刻放弃，而是通过提问找出了被拒的真正原因，然后制订出最合适的方案。曾源的保险方案不仅解决了客户的难题，也解决了客户家人的难题，客户还有什么理由拒绝这个为其带来利益的保险呢？

当销售人员被客户拒绝时，要做到以下几点。

1. 积极看待客户的拒绝

销售人员要认识到客户的拒绝并不可怕，可怕的是客户不对产品发表任何意见。只要客户开口说话，销售人员就有可能找到办法促进成交。

当被客户拒绝时，消极对待或者轻易放弃肯定不行，而只在认知上明白"被拒绝未尝不是好事"也只是画饼充饥而已。销售人员只有在思想上积极分析，行动上

第九章
销售诱心：说客户中意的话，成交其实也很简单

针对不同的拒绝理由提出应对方案，才是标本兼治的最佳出路。

2. 正视客户的主观意见

有时客户的拒绝理由具有浓厚的主观色彩，如"我知道这类产品的质量不怎么样，所以我可不会轻易上当""我不是很喜欢这种古板的造型"等。

虽然客户的拒绝理由显得不够理智，也没有针对产品本身发表什么真正的意见，但不要以为这类客户就比较容易被说服。面对这类客户，最好不要对其主观意见做实质性回应，可以等他们发泄完自己的情绪，再用自己的真诚和热情引导客户进入愉快的沟通氛围中。

3. 正视客户的客观意见

有时客户提出的拒绝有客观依据，这样的客户十分理智，并非胡搅蛮缠，而且他们对同类商品非常了解。这时销售人员要实事求是地认同客户的意见，不过也不要丧失成交的信心，可以设法将客户的注意力转移到产品优势上，同时感谢客户能够提出如此宝贵的意见。

例如，"刘先生，您可真细心啊，对于您提出的意见我们一定会予以重视。不过您是否注意到，另一方面……"销售人员的意见表达一定要委婉动听，让客户感到自己被充分尊重了。

当客户想说出拒绝理由时，销售人员也不要阻止，应牢记以下几点。

（1）不要害怕客户拒绝，而是要充分利用其拒绝，使双方的沟通不至于太过于单调。

（2）如果客户颇具理性，销售人员不仅要具有同样的理性，还需要运用情感来感化对方。

（3）客户可以任性地拒绝，但销售人员不能陷入任性情绪的漩涡，必须时刻保持理智。

（4）不要被客户的表面借口所蒙蔽，应该及时识破客户的借口，并用真诚唤回客户。

（5）要想化解客户的质疑，销售人员在说话时要营造出令人放松的氛围，提出的证据也要使对方信服。

> **沟通技巧**
>
> 销售人员遇到客户的拒绝是常有的事情，对此不必过于沮丧，而要用积极的心态对待此事，正视客户的意见，时刻保持理智，并想方设法地提出令对方信服的证据，配合轻松的语言氛围，最终使其购买产品。

八、掌握电话销售技巧，不用见面，订单就成了一半

电话销售可不是用电话和客户聊天那么简单，其最终目的是拿下订单，当然，有必要采用一些电话销售技巧来帮助销售人员更快地说服客户。

1. 让自己处于微笑状态

尽管没有面对面，销售人员在电话中说话时也要尽量保持微笑，因为微笑着说话，声音也会传递出很愉悦的感觉，会让客户觉得更有亲和力。

2. 音量与速度要协调

合适的音量和速度是保证声音悦耳的前提，而只有声音悦耳才能尽快打动客户的心。谈话之初，销售人员应采取适中的音量与速度，等对方的特质有所了解后再调整自己的音量与速度，让客户觉得大家处在同一频道上。

3. 判断对方形象，给出适当建议

从对方的语速可以简单判断其形象。

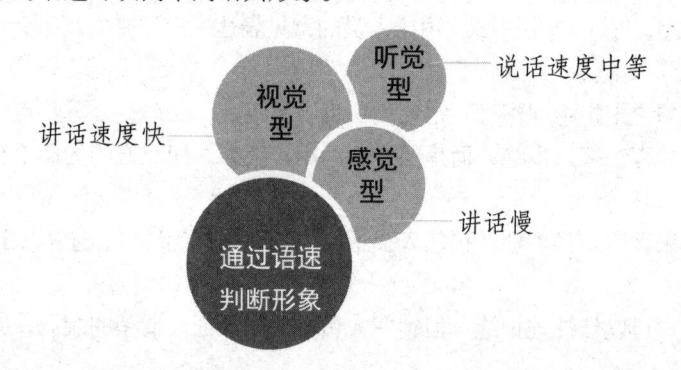

- 讲话速度快 —— 视觉型
- 说话速度中等 —— 听觉型
- 讲话慢 —— 感觉型
- 通过语速判断形象

销售人员可以在判断出对方的形象之后，再给对方提出合适的建议。

4. 表明不会占用太多时间

为了避免对方迅速挂断电话，销售人员可以先表明"耽误"对方两分钟，而一般人听到两分钟时，都会觉得：只有两分钟，先听一听吧。实际上，只要技巧运用得当，销售人员最后可能说了意想不到的时间长度。

5. 语言要一致

销售人员在电话中一般用普通话交流，但假如对方是以闽语或粤语回答，要尽量马上转成闽

语或粤语和对方说话，这样能够拉近双方的距离。

6. 善用电话开场白

好的开场白可以让对方愿意多聊一聊，所以当销售人员在说出"耽误您两分钟"之后，接下来的说话内容就变得十分重要。如果想多了解对方的想法，不妨问对方开放式问题，如"对于最近推出的投资型商品，请问您有什么看法？"

7. 善用暂停与保留的技巧

当销售人员需要对方给一个时间、地点时，就可以使用暂停的技巧。例如，问对方："您喜欢上午还是下午？"说完就稍微停顿一下，等待对方回答，便于对方感受到尊重。

当不方便在电话中说明或者碰到难以回答的问题时，销售人员可以采用保留的技巧。例如，当对方要求销售人员在电话中说明费率时，销售人员可以告诉对方："这个问题我们见面时再谈，我当面计算给您看，这样比较清楚。"如此将问题保留到下一次谈话，这也是约访时的技巧。

8. 身体挺直、站着说话或闭上眼睛

一直坐着打电话会非常累，销售人员可以试着将身体挺直或站着说话，声音会变得更有活力，效果也会变得更好。有时不妨闭上眼睛讲话，让自己的思路不被外在的环境所影响。

9. 使用开放式问句，不断询问

问客户问题不仅可以延长谈话的时间，还可以了解客户更多的想法，这有助于销售人员做出判断。

在向对方提问时，销售人员不妨多使用开放式问句，如"请教您一个简单的问题好吗？""能不能请您多谈一谈，为何会有这样的想法？"等，鼓励客户继续说下去。

10. 一再强调客户拥有决定权

销售人员很多时候需要在电话中约访，为了提高客户答应见面的成功率，要在电话中强调"由您自己做决定""全由您自己判定"等内容，这样可以让客户感觉不会遭遇死缠烂打。

11. 强调产品的功能或独特性

"这个产品非常独特，最好当面谈一谈，您才能充分了解我们的产品……"谈话中，销售人员要多强调产品的独特性，再加上"由您自己做决定"这句话，促使客户愿意腾出宝贵的时间。阐述产品信息时，销售人员千万不要说得太繁杂或使用太多的专业术语，否则会让客户打消见面的意愿。

案例 71　电话销售人员用坚定语气和产品独特性成功说服拒绝的客户

刘光是公司的一名电话销售人员，下面是他与客户的一次通话记录。

刘光："您好，请问是田经理吗？"

客户："嗯，我是，请问你是哪位？"

刘光："我是××电脑公司的刘光，最近得知贵公司正需要一批电脑，我想向您介绍一下我们的产品，因为它是您的最佳选择。"

客户："哦，是吗？你凭什么觉得我应该选择你们公司的电脑呢？"

刘光："我们的电脑外形设计独具美感，性价比非常高，不管是配置还是售后服务，都获得了非常多的好评。"

客户："哦，是吗？"

刘光："当然啦！自从我们公司的产品上市以来，年销量以25%的速度持续增长，很快便积累了众多忠实客户。正是因为我们的产品质量稳定，性价比颇高，售后服务也很完善，才会成为众多新老客户的最佳选择。如果您不信，可以试用一下，相信您很快就会发现，自己的选择是正确的。"

客户："小伙子，你的底气挺足的啊！"

刘光："您想想看，如果我们的产品不好的话，我怎么可能有这么足的底气向您推荐呢！"

客户："好吧，那我就给你一次机会，试试你们的电脑，看有没有你说得那么好。"

刘光在和客户交谈时语气十分坚定，还突出了产品的独特性，激发了客户的好奇心，使其想要尝试一下，看到底有没有他说得那么好，从而使制造了成交的机会。

12. 给予"二选一"的问题及机会

电话约访时，"二选一"的问题能够帮助对方做出选择，同时也会加快双方见面的进度，如，"您觉得早上或下午什么时间拜访您比较好呢？""咱们在周三或周四见面吧，您觉得哪一天更合适呢？"。

13. 为下一次开场做预备

将要挂断电话的时候，销售人员一定要和客户约定好下次电话访谈的时间。打电话之前要先想好说辞，便于迅速进入谈话主题。

> **沟通技巧**
>
> 电话销售几乎全凭声音的交流来说服客户，这也就要求销售人员的语言、语调和语速符合要求，想方设法说出令客户舒服的话语，并提出约访请求，以便见面时进一步交谈。可以这样说，如果电话交谈顺畅，签单几乎成功了一半。

第十章

职场营心:说出用心的聪明话,职场王者非你莫属

职场环境是复杂的,在这里我们不仅需要付出劳动与智慧,也要处理好各方面的关系。不管是领导还是下属,在职场交际中都要富于智慧,灵活沟通,正确处理与同事或上下级之间的关系,做好自己的本分工作,打造自己的魅力,做一名职场精英。

一、阐述自我价值，通过面试打开职场大门

面试是进入职场的大门，要想打开这扇门，我们就必须在短时间内让面试官记住自己。

很多人面试时习惯于一本正经地介绍自己的姓名和履历："我叫×××，北京人，毕业于××大学，曾经在××实习过，曾在学校里获得过奖学金……"

这样的自我介绍枯燥无味，毫无新意，几乎不可能打动面试官的心。面试官经历过无数次面试，已经听了无数次自我介绍，如果自我介绍没有任何新意，面试官也就无法对我们产生什么印象。

被面试官记住是面试的第一诉求，因此要找到合适的方法让自己脱颖而出。面试官招聘员工为的是促进公司发展，只要在面试时阐述自己对公司的重要价值，面试官没有理由忽视我们。那么，应该如何阐述自己的价值呢？

1. 贴标签

贴标签指的是给自己找一个具有个性的特点，这个特点最好看起来是缺点，实则是优点。这样的特点没有自吹自擂，还带着点戏谑成分，让人印象深刻。

2. 讲故事

由于所讲的故事要为标签服务，所以要讲一个生动的故事，细节上表现要到位，可以使用对话或表情，从而使标签具有画面感，生动活泼，进而达到我们的目的。

3. 描述愿景

要向面试官传达这样的一个观点：我的特点与公司的文化氛围非常匹配，尽管自己并不完美，但自己的特点对公司非常合适，自己可以在工作中扬长避短，不断地为公司创造价值。

4. 充满自信

一个充满自信的人才有可能是具备实力的人。如果一见到面试官就很紧张，说话结结巴巴，声音很小，面试官还如何相信我们的能力？为了在面试时表现得更有自信，需要做一些准备工作。

知己知彼，百战不殆。面试之前，我们要先了解面试公司的有关情况，交谈时

不仅能让面试官看到我们对公司和这场面试的重视,还能有针对性地回答相关问题,发挥出自己的独特优势。

案例 72　应聘者为面试官演示网络跳转漏洞,改变其看法而被录用

张朗去一家大型的网络公司参加面试,由于他比较紧张,所以说话不是很流畅,语言表达不尽如人意。面试官看他这样紧张,便等得不耐烦了,对他说道:"好了,今天就到这里吧,一周之内我们会给你结果。"

面试官说完以后便开始翻看下一份简历,这时张朗问道:"可不可以再给我几分钟时间?我有一个问题想要请教一下。"

面试官无可奈何地点头同意了。于是,张朗充满歉意地点点头,说道:"我对咱们公司很感兴趣,曾经在公司网站上浏览了很长时间,发现网页的跳转链接处有一个漏洞,我能不能为您演示一下?"

面试官顿时来了兴致,带着他来到电脑桌前。张朗为面试官演示了一遍以后,面试官改变了对张朗的看法,最终录用了他。

除了了解公司的有关情况外,我们还可以在家里对着镜子练习自我介绍,把表情、语速和手势练到位,并提前想象一下面试官会问到的问题,如"你为什么选择来到这家公司?""你的职业规划是什么?"等,这会让我们回答问题时更加从容,表现得更自信。

5. 巧识面试官的语言陷阱

面试时,我们会遇到很多陷阱,这导致我们都不知道是什么原因导致面试失败。面试官之所以设置这些陷阱,就是为了考察应聘者的应变能力和心理承受能力。

面试时我们应该时刻谨慎,如果觉得某些题目存在陷阱,就不要直接回答,而是先考虑一下面试官的真实用意,然后用折中的说法回答,或者用预设前提的方法回答。

案例 73　面试官邀请应聘者共赴晚餐实为陷阱,应聘者冷静巧妙回应

在一次面试中,应聘者王庆飞与面试官谈得非常顺利,这让他觉得这次面试成功在望。就在面试快要结束时,面试官看了一下手表,有意无意地问了王庆飞一句:"这就到了下班时间了,等下了班,可不可以与你一起吃顿晚饭呢?"

面试官在面试结束之际提出了最后一道考题,这时王庆飞面临两难境地,如果很痛快地接受,显得有些巴结面试官,如果直接拒绝的话,又有些不太礼貌。

不过,王庆飞很快便调整了心态,冷静地回答道:"如果您是以同事的身份邀请

我，我当然很愿意。"

当我们遇到面试官的刁难问题时，一定不要沉默，否则只会让面试官觉得我们缺乏解决问题的能力。面试官设置的陷阱是一种考验，我们的反应一定要快，而且要沉稳，即使回答得不是很好，面试官也会对我们有好感。

当面试官提及我们的缺点时，我们要巧妙地把话题转移到优点上，尽量展示自己最优秀的一面。这样一来，面试官的刁难便成为展现自己的舞台，而面试官也会对我们另眼相待。

> **沟通技巧**
>
> 面试是通向职场的一扇大门，作为应聘者，我们要在面试时积极展现自身的良好形象和突出的能力，使面试官认识到自己对公司的价值，最终打动他的心，成功被录用。

二、低调委婉，弯道进谏才能不触怒威严

说话时不仅要动嘴皮子，头脑也要动。每个人说话前都要进行一番思考才行，如果不经思考脱口而出的话语可能会不合时宜，甚至伤害到别人，尤其是在向领导提意见的时候，更要注意表达方式。

说话直率固然代表人单纯，没有心机，但在职场上说话直率则意味着不善于思考，最后很可能会吃亏。当我们向领导提意见时，哪些话该说，哪些话不该说都是有讲究的。有些话千万不要轻易出口，否则会给领导留下一个非常不好的印象。

在向领导提意见时，我们到底应该怎样说话呢？

1. 委婉、低调地提出意见

和领导说话时我们需要注意说话的方式和分寸，懂得说话的技巧。如果不同意领导的话，我们要用委婉的语言表达出来，避免直截了当地说出，导致领导感到尴尬和难堪。

案例 74 销售人员指责领导强行安排任务超重，使领导难堪而被解雇

刘青珑是公司的销售人员，之前的销售业绩一直很好，可最近受到国际经济形势的影响，业绩在很长时间内一直出现严重下滑，而且整个公司的销售额也大幅度下滑。

领导对此非常不满，于是召集销售部门的员工开会，集思广益。然而，会议都快要结束了，仍然没有人能提出一个好的方案，领导看到这种情景非常生气。

就在这时，刘青珑意外地说了这样一句话："现在国际经济形势不好，市场萧条，任何行业都陷入了困境，这根本就不是销售员能够解决的问题，您要求我们完成这么多的任务量，我们怎么可能做得到？这一点您难道不知道吗？"

听了刘青珑的话，领导的脸色变得很难看。不久刘青珑就被解雇了。

刘青珑因为说话太直白，而且有冲撞领导的嫌疑，触怒了领导的威严，从而被解雇。

案例75　公司员工欲抑先扬，用一个小玩笑使领导知晓了伙食太差的事实

一位领导突然来到工厂视察，将员工集合起来，大声问道："大家好，请问你们的伙食怎么样？你们吃得饱吗？"

员工们嘟嘟囔囔，都不好意思开口，只是偶尔有人说着"还可以""凑合吧"之类的话。领导见没人把情况说清楚，气得很想发火，这时从员工人群里出来一个人。

"领导，我的早餐是一碗粥、两个鸡蛋、一盘火腿肠、两块面包，午餐是一块鸡排、一大碗米饭、一大盆肉菜、一碗面条，晚餐是一份凉拌菜、一个面包、一根烤肠、一碗燕麦粥。"

"嗯，不错啊，你们的伙食挺丰盛啊！"

这名员工说："嗯，是啊，这是我在外面的餐馆里吃的饭。"

员工说完后，全场员工哄堂大笑，而领导也知道了员工的真实用意，于是要求公司食堂改善员工伙食。

这名员工采用对比的方式，委婉地道出了"公司伙食太差"的意思，让领导接受了他的建议。

2. 慎用某些词汇和语句

和领导说话时，有一些词汇和语句要慎用。

当领导征询意见时，我们不能回答"随便""都可以"，这会让领导觉得我们没有主见，不为公司考虑。

当领导不熟悉某件事时，我们不能说"这件事情您都不知道吗？""那件事我早就知道了。"这样的话会让领导难堪，以为我们是在讽刺他。

当领导的某种行为对我们很有帮助时，不能说"您辛苦了！""您的做法真让我

感动。"因为这样的语句通常是上级对下属说的,对领导说这种话显然非常不合适。

> **沟通技巧**
>
> 在向领导提意见时不能过于直白,否则会触怒领导的威严,引起严重的后果。我们要懂得委婉低调,用含蓄的话表达出自己的建议和意见,使领导既能领会我们的意思,也不至于丢面子。

三、学会向领导说"不",别让事情变得越来越糟

我们一直被灌输"服从权威"的观念,因此进入职场后习惯了服从领导,就算不同意领导的意见也会把想法憋在心里。有些人可能有过这样的经历:领导安排了一项任务,尽管我们对此并不认可,但最终还是会做。我们以为这些命令是让公司运转下去的关键,但有时情况正好相反,有些命令可能是错的。因此,对领导说"不"才能避免日后酿成大错。

其实我们并不是不能对领导说"不",只是表达方式不对只会使事情更加糟糕。只要掌握了方法,在合适的时机对领导说"不",不仅不会遭到领导的厌恶,可能会得到更多的重视。

1. 先肯定,再否定,后安抚

只有巧妙地说出"不"字,我们才能避免和领导的正面冲突。我们可以尝试使用"肯定—否定—安抚"的三明治法。

不管领导如何安排,我们都用积极肯定的态度回应,然后过渡到否定的语言:"由于××,您的要求我可能暂时做不到,不妨试试……"最后再对领导进行安抚,使其放心:"您放心,我一定会努力的!"

案例 76 使用"三明治法",部门经理成功说服"一言堂"老板改变决定

林文龙是公司的部门经理,这家公司是老板白手起家,一手创立的,因此,老板在公司里说一不二,很少有人敢在他面前说一个"不"字,即使和他的关系亲近的下属,在向他提意见的时候也得小心翼翼。

林文龙从来不直接对老板说"不"。有一次,老板安排员工度假放松,但他这一次指定的地点是早已经去过很多次的度假村。林文龙想,要再去那个地方,不仅达

不到放松休息的目的，很可能会引起一部分员工或下属的怨言。

在开会宣布度假决定的时候，林文龙满口赞成老板的安排，但他把自己的真实想法记录在本子里，开完会后，他找了个机会向老板说明了情况，并向他推荐了一个更好的去处。

听了林文龙的话，老板果然改变了自己的决定。

试想一下，如果我们在反对老板的意见时没有把话说好，使老板脸色难看，老板的心里能好受吗？运用"三明治法"，迂回地说出自己的意见，不仅能保全老板的面子，也能保全自己的面子，且完美地履行了自己的职责，何乐而不为呢？

2. 委婉地提出"不"字

如果领导安排的任务过重，我们该怎样做呢？直接对领导说"不"？领导一定会觉得我们很"没用"。所以，一定不要在拒绝时提出"不"字，不妨把问题汇报清楚，对于自己的能力和不足有一个清楚的认识，并提出问题的解决方案。

领导以公司的利益为重，并不会故意为难我们，只要我们的解决方案合理且对公司有好处，他们会乐意配合的。

案例77 领导安排任务过重，业务经理通过汇报问题获得领导配合支持

刘佳悦是公司的业务经理，她的领导特别威严，而且一旦提出要求，下属就要严格按照要求执行。有时领导分派下来的任务太多，刘佳悦根本完成不了。

遇到这样的情况，刘佳悦就会先静下心来好好分析整件事情，先了解整个工作程序，然后看自己能完成多少，有多少无法完成。刘佳悦会把这些情况准确地告诉领导：哪些指标是自己可以完成的，哪些是不能完成的。为了顺利完成公司的任务，刘佳悦还建议领导配合，或者安排其与同事合作，并且向领导表示安排的工作一定会尽力完成。

由于刘佳悦准备得很充分，而且她的解决方案对公司有好处，所以领导并没有反对她的请求，很多时候为其提供帮助，并将她没有办法完成的工作任务分给其他同事，最后所有任务都能圆满完成。

3. 说"不"也要讲究场合和方式

领导的脾气再好也容不得下属当众反驳，所以千万不要意气用事，当着众人的面指出领导的错误，更不要当众迫使其表态。如果领导的指示刚说出口我们就立即表示反对，领导难免会产生厌恶心理。

案例78 当面拒绝部门经理的任务后，员工"意外"遭到公司老板的批评

王月丽经常同时接到各种任务，为了完成任务，她不得不晚上加班。

有一次，她手头的事情已经很多了，部门经理又把一个项目跟进的事情交给她，她当时忙得焦头烂额，便直接和部门经理实话实说："我没有时间完成这件事，请您找部门里其他同事吧！"

部门经理点头答应了，转身离开。王月丽松了一口气，继续忙自己的工作。可是她不久就遭到老板的批评，因为部门经理安排的那件工作没有人去做，而在老板追查这件事时，部门经理竟然说是王月丽没有把分配的任务完成好。由于没有证据证明自己，王月丽有口难辩。

从那以后，再有自己无法完成的任务，王月丽就用正式的公函格式写好，再用电子邮件发给部门经理，如果事情比较紧急，她还会往老板的邮箱里也发一份。

说"不"也要讲究场合，等到领导心情好的时候，私下里和领导沟通，说出自己的不同想法才是聪明做法。

> **沟通技巧**
>
> 向领导说"不"，心直口快是大忌。"口快"引起领导"不快"，最终自己得到的仍是领导批评和冷落的"不快"。因此，对领导说"不"时我们要使用正确的表达方式，不能直接拒绝，而是选择合适的场合，用委婉的方式说出自己的想法。

四、捕捉弦外之音，领会领导的"话里有话"

看云识雨，见微知著是聪明员工的表现，也是良好的职场沟通能力的体现。

碍于身份关系，领导有很多话不能直截了当地讲出来，所以他们的话中有很多潜台词。如果我们足够有心，应该可以察觉到领导的言外之意和弦外之音，从而有针对性地说出领导认可的话。

要想不被领导的潜台词伤到，我们需细微观察仔细体味领导的话。

案例 79　广告公司新人不懂领导的弦外之音，白白忙活一场且备受冷落

刚刚进入一家广告公司工作的郑晨宏参与一个广告设计项目，创意总监要求小组的每个成员提交一份设计方案。郑晨宏很快就有了思路，然后拟定了方案并提交上去，看过他的方案后，创意总监沉默了一会儿，评价道："这个还挺有意思的。"

创意总监的这句话给了郑晨宏极大的信心，他以为自己的方案得到了认可，于是便加班加点地完善方案，还不时地找创意总监讨论。

令他感到意外的是，一周后的会议上，郑晨宏发现总监最后采纳的并不是自己设计的方案，而且此后似乎有些冷落他。

郑晨宏困惑不已，只好询问同事。在同事的点拨下他才意识到，创意总监说那句话并不表示认同他的方案。其实创意总监不看好这个方案，之所以用"还挺有意思"打发过去，只是对郑晨宏的鼓励。

下面是领导常说的一些话，其中的弦外之音需要加以注意。

1. 这事儿你自己看着办吧

千万不要以为领导信任我们，把这件事交给我们单独处理而洋洋得意，如果真的等到距离最后期限很近的时候才开始做这项任务，无异于置自己于死地。领导这样说虽然是在借机表达对员工的信任，但正因为如此，我们更应该按照领导的要求尽快完成任务，给其一个满意的结果。

2. 这个事回头再说吧

领导这样说其实就是在否定我们提出的意见。这样做是为了给我们一个台阶下，让我们知趣。既然领导不同意我们的意见，不妨放弃自己的主张，就势不再提，让双方都有台阶下。

3. 这个问题你有什么建议

当领导提出这个问题的时候，并不是让我们帮他做填空题。我们应该尽可能多地罗列出可执行的实践方法，让领导做出选择，领导会从中看到我们认真的工作态度。

4. 你挺有个性啊

对刚进入社会的年轻人来说，这一句很像是夸奖，但"个性"一词在职场上是一个贬义词。因为职场强调团队意识，而领导提出我们很有个性是在发出警告：你越界了。这时我们就要检视自己的言行举止，看看自己哪些方面做得不够好，及时改进。

5. 再考虑看看

如果我们的方案被领导这样评价，千万不要再考虑了，直接换方案就行了。因为领导这句话的真实意思是"不行"。

6. 最近家里事情很多吗

假如领导突然过问我们的私事，如"最近家里事情很多吗？"领导不一定是在关心我们，很有可能是在表达"你最近工作不太努力啊""最近工作总是心不在焉"的意思，实质上是在质疑我们的工作态度出现了问题。

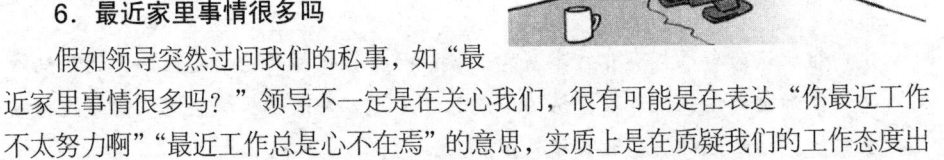

> **沟通技巧**
>
> 因为身份的缘故，领导很多时候会说出一些潜台词，我们不能想当然地按照字面意思去理解，应该仔细揣摩领导的真实想法，以免耽误自己的工作，甚至影响职业发展。

五、了解下属的矛盾根源，处理公平公正

由于下属的性格存在差异，一起共事难免产生一些矛盾。遇到下属之间发生矛盾时，有的管理者采取不管不顾的态度，有的不知如何处理，致使团队士气低落，工作效率出现大幅度降低。

遇到下属之间出现矛盾时，管理者要及时化解矛盾，这样才能稳定团队，增强凝聚力。那么，到底该如何化解下属之间的矛盾呢？

1. 弄清楚事情的真相

很多时候管理者不了解下属之间的矛盾，假如贸然处理，很有可能深化矛盾。因此，管理者应稳定双方情绪，与双方当事人沟通，抽丝剥茧，找到出现冲突的根本原因，从而有的放矢地做好下属的思想工作，化干戈为玉帛。

2. 保持中立的态度

管理者在处理下属之间的矛盾时要冷静公正，就事论事，这是解决下属之间矛盾的最基本原则。不管矛盾双方的业绩好坏、资历深浅，管理者都要不偏不倚，如果有失公正的话，将会带来预想不到的后果。

案例 80 领导就事论事，成功化解新老员工之间的矛盾冲突

在一家机械制造公司，一位本科学历的年轻技师与一位工龄较长的生产组长产生了激烈的争论。年轻技师认为机器应该增加一个自动控制按钮，而那位组长认为不必多此一举。他们都是为公司的产品质量考虑，但意见相左，于是不由分说地争执起来。

生产组长认为自己拥有非常丰富的经验，而年轻技师只是懂些理论，还不够资格。年轻技师则大谈机械原理，认为依照原理才更容易改造机械。他们的争论持续了很长时间，这让领导感觉非常难处理。

最后，领导想出一个让双方都感到满意的办法：他把两者的权责划分清楚，另外设立一个开发部，由年轻技师主持研究工作，挑选几位年轻、好学的技工和他一起研究，专门针对产品细节做出改进。那位组长则专门负责生产，两个人互不干涉，再也没有发生过冲突。

此外，领导还单独和双方见面沟通。他把年轻技师叫到办公室，用诚恳的语气跟他深谈了一番。

"你现在独当一面，责任加重了，希望你能用实力证明自己。另外，你的工作经验毕竟少，在这一方面需要向生产组长学习，理论和经验相结合，工作会更出色。"

年轻技师离开后，他又把生产组长叫到办公室，用亲切的语气责备他："你说你啊，这不是在胡闹吗？堂堂一位生产组长，竟当众跟年轻技师争吵，你在员工眼里还有什么威信？就算生气你也应该克制一下自己，事后和我说。你这样公开吵闹，人家的面子往哪儿放？

"咱们共事将近 20 年了，对于你的能力我是十分信得过的，但咱们公司要想继续发展，必须开发新产品，扩大业务，必须吸收新人才。如果我招来一个新人，你就跟人家大吵一架，以后谁还敢到我们这里来工作？工作中的经验固然重要，但理论也不是没有用处，那些大公司里负责开发、设计工作的都是理论型人才。以后你的气量要大一些，免得人家说我这个领导和你合起伙来欺负新员工。"

领导对生产组长的态度非常好，就像对待家人一样，这让他惭愧不已，无话可说。

最后领导说道："现在我把你们的工作分开，你负责生产，他负责新产品开发。你们的工作虽然性质不同，但彼此是需要相互支援的。为了公司发展，你可要虚心向他请教。他有什么不懂的肯定也会问你的，大家一起努力吧！"

自此以后，年轻技师与生产组长共同为改进机械想办法，最终攻克了一个又一个的项目难题。

3. 加强与下属的沟通

管理者要加强与下属的沟通，时常倾听其心声，使其畅所欲言，并适时地对其进行教育和培训，这样下属才有可能着眼于大局，把企业的利益放在第一位，同时也有利于管理者及时了解下属的动态，做到防微杜渐。

4. 向对立双方阐明看法

管理者应该和矛盾双方坐下来好好沟通，使其明白他们的矛盾给公司的管理带来了危害，只要下属对公司的利益还有足够的重视，一定会暂时中止矛盾，这也就给管理者化解矛盾提供了机会。

5. 给下属更多的交流机会

沟通不畅也是造成冲突和矛盾的原因。做同一件事，也许大家的目的一致，但因为行为方式不同导致了误会的产生。如果这个时候领导对下属进行批评、责备，下属容易产生抵触情绪。

努力促成下属之间的沟通，让他们在心平气和或者愉快的氛围中说出自己的意见，鼓励双方换位思考，从而了解尊重对方的观点。这就需要我们多为下属提供交流的机会，如举办小型聚会、集体庆祝生日等活动。良好的沟通方法可以有效地向对方传达信息，是双向的互动过程。

> **沟通技巧**
>
> 下属之间产生矛盾冲突，无疑会形成不良效应，影响正常的工作进展。管理者要公平、公正地处理下属之间的矛盾，弄清楚事情的真相，同时加强下属之间的沟通，也要加强自己与下属之间的沟通。

六、指导下属正确发牢骚，唤回往昔工作热情

有的下属会在工作中出现严重的不满情绪，有的是因为薪酬太低，有的是因为工作太多，也有的是因为不得重用或者遭到误解，批评失当。下属的不满情绪就像是工作中的慢性毒药，不仅会影响下属本人，还可能会影响到其他员工，甚至整个团队。因此，我们要学会有策略地疏导下属的不满情绪。

那么，怎样才能疏导下属的不满情绪呢？

首先，我们要了解下属的心理，找到其不满情绪产生的症结所在。如果是因为他有能力和才干却受排挤或岗位不适当，则要给予他更合适的职务，以发挥其才能，消除其抱怨。

案例81　总经理提拔不断抱怨的主管，其工作斗志高涨，提升部门利润

刘若云在一家大公司做主管，手下有十几名员工，尽管他每次都能把上级安排的任务完成得非常出色，但上级都不太喜欢他，甚至有点儿厌烦他，但由于他在工作上做得很优秀，对其又无可奈何。

每次上级部门给他布置生产任务时，他总会抱怨："我每个月的薪水也太少了，为什么还分给我这么多任务？"

这件事后来被分公司的总经理知道了，他派人对刘若云的工作进行了详细考察，不仅没有批评他，反而提拔他担任部门副经理。果然，他上任不久就把原本效益不好的部门治理得井井有条，利润增加了好几倍。不仅如此，他对于上级安排的任务也不再有抱怨了。

我们不妨设想一下，如果分公司的总经理对刘若云的抱怨不予理睬甚至以开除或降级相威胁，公司失去的不只是一位有才能的主管，那些欣赏主管的人也会对公司失望而去。刘若云的抱怨建立在自己的才华没有受到重用的基础之上，抱怨只是他不满的一个信号，而并非他的缺点或本意。上级只要重视他，给他安排合理的职务，他的抱怨就会停止。

除了报酬太低或者岗位不合适以外，下属还有可能只是单纯地抱怨和发牢骚。当我们了解下属的心理症结以后，就要坐下来好好和他们谈谈，深入分析他们的问题，引导他们自我反思不满情绪的根本原因，进而给出建议和鼓励。

案例82　名牌大学毕业生受到批评觉得被歧视，领导与其细谈打开心结

张京樊是名牌大学的毕业生，他一直觉得自己的能力很出众，没想到进入一家公司上班后，因为工作失误受到领导批评，这严重伤害了他的自尊心，觉得自己被领导歧视。后来，他发现工厂里的师傅文化水平都不高，但经常获得领导的认可和赞扬，觉得自己受了委屈，被大材小用了。后来他越来越觉得个人发展无望，情绪变得非常不稳定，时常与领导闹得很僵，业绩也越来越差。

虽然领导批评过张京樊，但其一直很欣赏张京樊的工作能力，看到他工作状态越来越差，就单独找到他。

第十章
职场营心：说出用心的聪明话，职场王者非你莫属

领导问张京樊："咱们设想一下，假如我偶尔批评了某个失误的员工，这说明我对工作要求严格；而我经常批评这个员工，对其他员工的错误不管不顾，说明我歧视这个员工，你是这样认为吗？"

张京樊："是的。"

刘师傅："那你觉得我属于哪种人？"

张京樊："您经常批评人，但不只是批评我。"

刘师傅："那你认为我歧视你，这一点就说不通了吧！我也批评其他同事，可他们都像你这样吗？"

张京樊："不，我的情况更严重一些。看来是我把问题看得太严重了。"

我们应该采用心理学原理和心理咨询技术，与下属处于同一平等关系，把说教变成咨询，这样能更好地缓解下属对领导的抵触心理，疏通其不满情绪。

> **沟通技巧**
>
> 下属爱发牢骚，我们切不可直接打压，应该先调查清楚原因，如果是由于不被重用或者薪酬太低，应该为其做出调整，如果是下属的心态问题，就要以咨询的方式进行劝导，使其改变看法，唤回工作热情。

七、静心处理与同事的矛盾，切不可点火就着

人在生活中免不了磕磕碰碰，就算是最亲近的家人和爱人也会有产生矛盾的时候，同事之间产生矛盾就更不足为奇了。同事之间出现矛盾并不可怕，关键要在矛盾发生后及时处理，消除心中的芥蒂。

我们可以按照以下方法来处理与同事之间的矛盾。

1. 避让

与同事发生矛盾时不要争强好胜，逞口舌之快，这样只会激化矛盾，导致冲突加剧，甚至产生肢体争斗。不管这件事情是谁的错，发生矛盾后一定不能再做争论，应该避开产生矛盾的地点与人，让彼此都冷静下来，静心思考事件的来龙去脉之后再做处理。

2. 冷静

产生矛盾之后，我们的心里一定是非常冲动和不满的，这不利于客观地分析事

情的对错，也不利于矛盾的后续处理。只有在远离矛盾后让自己冷静下来，这些事情才能有效处理。如果我们实在无法静下心来，可以试着向朋友倾诉，袒露自己的想法，从而缓和自己的愤怒。不过倾诉时不要迁怒他人，将个人情绪发泄到他人身上。

3. 转移注意力

如果暂时无法从矛盾中走出来，我们可以先试着做些别的事情，转移自己的注意力，让自己的心思不要着重于矛盾点，这样自己也能从不愉快的心情中走出来。

4. 将情况反映给领导

如果是在工作环节与同事产生争执或分歧，而且双方都不能说服对方，那就不要再继续争论，而是将双方的看法与处理方法收集起来，一并反映给领导，让领导做出决定，再根据领导的决定做出处理。

5. 找出问题

冷静下来后，我们要仔细分析整件事情，找到产生矛盾的根本原因，同时适时听听其他同事对此事的看法。在找出问题的过程中，我们必须要用正确的态度处理问题，态度过分偏向自己或者别人，都会影响我们对整件事情的看法，导致处理方式出现失误。

6. 缓解双方关系

同事共处于一个大集体，总不能因为一些小矛盾而老死不相往来。找到产生矛盾的根源之后，如果是自己出了错，应该诚恳地向对方道歉，消除彼此之间的嫌隙。如果是对方的错误也不要咄咄逼人，要以平常的态度对待他，他也会感激我们的大度。

> **沟通技巧**
>
> 与同事产生矛盾后，我们应该静下心来思考事情的对错。如果是自己的错误，向对方诚恳地道歉，消除彼此的隔阂；如果是对方的错误，应该以平常心对待，展现自己的宽容。只要用心处理，同事之间的矛盾或许是促进关系发展的动力。

八、"八卦"很伤人，背后嚼舌头终会痛到自己

职场是个充满是非的地方，充斥着捕风捉影的流言。这些流言经常作为人们茶余饭后的谈资和笑料。职场八卦似乎成了职场中不可缺少的调剂品，也是最能伤人的"武器"。职场中总有喜欢搬弄是非的人，如果让他们看到什么事，一定会添油加醋地描述一番，使当事人百口莫辩，深受其害。

一旦我们加入职场八卦的队伍中，那些被流言伤过的人将和我们拉开距离，而我们在职场中的日子也不会好过，因为我们将失去同事们的信任，甚至以前关系非常要好的同事也会因为害怕惹火烧身而远离我们。所以，要想在职场中洁身自好，就要管好自己的嘴巴，不做传播八卦消息的"小喇叭"。

案例 83　新员工寄希望于传播八卦消息来融入集体，反被同事孤立

徐海龙刚大学毕业，进入一家互联网公司工作。为了和同事们打成一片，徐海龙和他们一起吃饭、运动、娱乐，空闲时间更是少不了闲聊。

他发现同事们经常耳语，有时会漫不经心地道出某个人的私事，迅速使平静的饭局激起一层波浪，大家纷纷讨论该人的隐私。在他们这个集体中，总有一些消息灵通人士，每天都会透漏一些内幕：

"刘晓红是走关系进来的，后台很硬，其实没什么工作能力……"

"韩卓和刘畅关系不简单，一定有隐情……"

"主管太不人性，跟着他没好果子吃……"

徐海龙虽然一开始觉得这种行为不太合适，但为了融入这个集体，他也慢慢变成一个"小打听"，喜爱八卦，只要一听到大家谈论某个人的事情，他会马上凑过去，好像这件事情跟他有天大的关系一样，而且对于这些事情不仅仅是听听而已，还会添油加醋到处散布，并且乐此不疲。但让他疑惑的是，周围的同事竟然都开始疏远他了。

徐海龙感到很委屈："大家为什么孤立我？"

其实，徐海龙之所以遇到这种情况，是因为他过于八卦了，以前对徐海龙印象很好的人，觉得他八卦心太强，今天可以传播别人的小道消息，没准明天就会散布自己的消息，想想就可怕，所以大家转变对他的态度也在情理之中、意料之内了。

那么，我们如何才能在办公室中管住自己的嘴巴呢？

1. 不要打探别人隐私

收起自己的好奇心，不要打探别人的隐私。假如我们将对方的隐私泄露出去，办公室就会变得"满城风雨"，我们与对方的关系也会变得非常糟糕，而且大多数同事会人人自危，孤立我们。

2. 工作以外的话要少说

上班时间应该以工作为主，如果有同事打听别人或我们的私事，可以装作很忙的样子，将一切精力都投入工作中，如果对方知趣，就不会再追问了。如果我们事先预感到对方要谈私事，可以先开口，把话题引到工作上，这样就可以避免八卦了。

> **沟通技巧**
>
> 在职场上我们要做到洁身自好，不要陷入职场八卦中，如果痴迷于背后嚼舌头，可能最后伤到的是自己。八卦看似活络了同事关系，其实使同事害怕自己成为八卦的受害者而疏远我们，影响了人际关系，甚至导致被孤立。

第十一章

演讲动心：妙语连珠，让你的"台风"掀起热潮

现代社会中，各种场合的演讲无处不在。每个演讲者最初都会存在恐惧、紧张的心理，只有经过专业的学习和刻苦的训练才能让自己掌握演讲的诀窍，演讲时展现自己的魅力。事实上，古今中外，那些思路清晰、能言善辩的演讲家，无一不是靠努力学习与练习而获得成功的。

一、掌握 TED 演讲者鼓舞全场的秘密，用 18 分钟改变世界

TED 是指 Technology（技术）、Entertainment（娱乐）与 Design（设计）。作为一家私有非营利机构，TED 以其组织的 TED 大会著称，而这个会议的宗旨是"用思想的力量来改变世界"。每年 3 月，TED 大会就会在美国召集众多科学、设计、文学和音乐等领域的杰出人物，分享他们关于技术、社会、人的思考和探索。

作为一项举世公认的顶尖演讲大会，它在向人们传播大量先进知识、思想和信息的同时，也给我们奉献了一场演讲技能的表演。从它的演讲嘉宾和听众就可以看出这个演讲舞台的高水准：比尔·克林顿、比尔·盖茨、史蒂芬·霍金、阿尔·戈尔、美国建筑大师弗兰克·盖里、歌手保罗·西蒙、维珍品牌创始人理查德·布兰森爵士……数不清的商界、政界、学术界精英都曾出现在 TED 的演讲台上。

他们在仅仅 18 分钟的现场演讲中，用自己独特的方式向世界传播了有趣的思想和先进的知识，创造了一个又一个演讲奇迹。在他们别出心裁、独树一帜的演讲方式和技巧中，我们或许可以学到一些东西。

1. 别把表达不当回事儿

演讲是一种说话方式，表达水平很重要。在如今的互联网时代，网络聊天已经非常流行，但越来越多的人忘记了如何当面沟通，尤其是当众讲话。只有那些知道在现实生活中如何更好表达自己的人，才能在这个喧嚣的社会中获得人们的注意，抓住表现自己的机会。

2. 练习是真理

要成为一名优秀的演讲者，唯一的方法就是不断练习，提高自己的口才技巧。任何试图通过一两个简单的技巧就在短时间内轻松成为优秀演讲人的想法，都是异想天开的。

3. 内容多少要适度

许多演讲者都会犯这样一个错误：说得太多，让听众无所适从。我们不可能在一次演讲中将自己的毕生所学都表达出来，就算真有这个本事，听众也没本事全都吸收进去。过于"大而全"会让我们的演讲缺乏重点和逻辑，而专注于一个概念可以让我们更加精确地表达。

4. 我是来分享观点的

如果我们的演讲足够出色，自然会收获掌声；如果我们的演讲无法吸引听众，自然得不到任何回应。因此，上台演讲之前要告诉自己：我是来向大家分享我的观点的。任何时候都不要带着功利主义的目的，否则会影响我们在舞台上的发挥，让我们的演讲失去魅力。

5. 别让听众等太久

一个演讲能否吸引人，很大程度上取决于观点是否可以引起人们的兴趣，而这就要求我们必须在开场就提出自己的观点，让听众明白我们所要表达的主旨，如果最后才给出答案，我们很有可能会被听众中途轰下台。

6. 自我夸耀要不得

自我夸耀是演讲中的禁忌，没人想听你的自吹自擂，哪怕是有这样的苗头也不行。越谦卑越伟大，把自己放得越低、越谦卑的人，往往越能在演讲中发挥出色。但谦卑不是自卑，不能在演讲台上缺乏自信，否则会让听众失去信任。

7. 开场白四大技巧

一个好的开始等于成功的一半，演讲尤其如此。开场是听众参与度最高的时刻，如果能用一个精彩的开场白抓住听众的耳朵，那我们的演讲必将起到事半功倍的效果。那么，我们如何才能达到这个目的呢？

1. 告诉或暗示听众，他将在演讲中得到什么
2. 真诚自然，自曝弱点，放松自己的心情
3. 适当幽默，让听众发出笑声
4. 展现演讲的逻辑结构，让听众一"听"了然

8. 演讲内容分三点

条理清晰的演讲能让听众更好地理解演讲内容，而分点阐述无疑是一个好方法。彼得·沃森在《人类思想史》一书的绪论中写道："思想史是一个由三个部分组成的体系——三大理念、三个时代或是三个原则，而无数思想家重要的理论与思想，都采用'三分法则'来构建。"他列举了培根、霍布斯、亚当·斯密、奥古斯都·孔德等著名的哲学家或经济学家。

虽然我们无法理解其中的奥秘，但这并不妨碍我们使用"三分法则"，如"在接下来的时间里，我将向大家分享三个关于效率的秘密……"

> **沟通技巧**
>
> 听再多的演讲，学再多的技巧，如果自己没有上台演讲过，依然是一个新手。唯一可行的方法就是克服恐惧，勇敢地站到演讲台上，在演讲的过程中试验自己的技巧，培养自己的感觉，这样才能真正学会演讲。

二、说好开场白，架起沟通的桥梁

为什么我们把所有的空闲时间用来休息，却总是感觉疲劳？医院的大楼一年比一年高，可是病人越来越住不下了；医院的设备一年比一年先进，可是很多病查不出来了；药品的种类一年比一年全了，可是吃了不管用了……

到底是什么吞噬着我们的健康？问题到底出在哪里？

仅仅听到一个开头，是不是就已经被这个演讲所吸引了呢？那么，演讲者如何在一开始就能引起听众的注意，让他们产生兴趣呢？关键在于演讲者能否成功地勾起听众的好奇心。也就是说，如果演讲者开口的第一句话就能引起听众的好奇心，那他就已经激发起听众的兴趣，成功吸引其注意力了。

一个良好的开端等于成功的一半，一个好的开场白是演讲成功的关键，更是吸引听众的重点，开场白不好等于白开场。一般情况下，在开场的几分钟甚至几秒钟内，就决定了听众能否将演讲认真听下去。好的开场白可以在一开始就牢牢地抓住听众的心，使其愿意听，喜欢听，做到这一点，演讲者也就能牢牢地掌控整个演讲。

那么，怎样才能说好开场白呢？

1. 吸引听众注意力

演讲开场白最重要的作用就是吸引听众的注意力，让自己的话语激起听众的兴趣。具体来说，我们可以根据场合、听众、主题等不同，选择不同的开场方式，可以选择名人名言、幽默笑话、奇闻逸事等。

例如，"我叫××，非常感谢各位专家、领导莅临现场一起交流，不知道最近大家是否看到一则关于医患纠纷的新闻，一个病人挂号以后等了很久，在去洗手间的时候错过叫号了，病人找医生，而医生正在忙着诊断其他病人，就让他出去等待。这位病人被惹怒了，就开始与医生争吵，并发生肢体冲突，最后两人都受伤了。病人不仅又多挂了一个外科号，还受到了法律严惩，闹得全城皆知。

第十一章
演讲动心：妙语连珠，让你的"台风"掀起热潮

"我想，如果这家医院安装了我们这一套'互联网+医疗'平台，很多问题就能得到及时解决。在座各位或许想知道就医平台是如何解决这类问题的，好，下面我们一起来看一下……"

2. 自我介绍

自我介绍要讲究方式方法，它并不是简单地罗列个人信息，而是利用巧妙的方式给人留下深刻的印象。例如，自我介绍时我们要展现自己的幽默感，既能活跃现场气氛，也能展现自信。

一位长相一般、体形较胖的女子在演讲时这样说道："大家好，我是×××。今天的演讲主题是'女人与爱情'。每个女人都是为爱而折翼的天使，她们来到人间，就再也回不去天堂了，所以需要男人好好珍惜。当然，我也是天使，不过降落的时候不小心脸先着地了，回不去天堂是因为体重的原因。还好，我还有一颗天使的心，善良、仁爱。"

3. 说明演讲目的

一般情况下，我们需要在开场白中说明自己演讲的目的，避免使听众产生误解。

"女士们，先生们，大家早上好！谢谢大家给予我这个演说机会。美国广告联盟是美国传播行业的一个重要组成部分。当前这个行业仍存在许多问题，今天演说的目的便是就这些问题以及我对它们引发的挑战说一说我的观点。"

4. 一开口就很有趣

趣味性是演讲的重要方面，也是开场白的重要方面。所有好的开场白都有一个共同的特点，那就是有趣。当然，庄严、肃穆的场合除外。

"我叫××，非常高兴与各位专家、领导交流，咱们这次的主题是"大数据在智能交通中的应用"。因为我入住的宾馆比较偏，为了提前赶到咱们公司参加10点钟的交流会，我8点半就出发。很幸运，我很快就坐上了一辆专车，谁知道在路上堵了近一个小时，最后我不得不换一辆摩的，穿了几条小巷，一路惊险不断，就在咱们公司前一个十字路口，我要是不叫住司机，他还差点儿闯了红灯。我在想，一个搞智能交通的在交通上这么狼狈，这是福还是祸呢？看来这智能交通是迫在眉睫了……"

5. 获得听众的信任

如果听众以一种怀疑的态度来听演讲，说辞再好也没有任何用处。相反，如果听众信任我们，哪怕演讲中出现一些错误也能巧妙地自圆其说。要想听众充分信任我们，我们就应该承认分歧的存在，但要强调目标的一致性，而且要让听众知晓演讲的非私利性，同时用激情饱满的语言唤起听众的兴趣，使他们仔细聆听。

> **沟通技巧**
>
> 准备演讲应当先确立演讲的目的，然后围绕目的收集材料，组织整理材料，最后才是开场白的准备。只有这样才能更好地选择恰当而完美的开场方式。

三、说话抑扬顿挫，生动语言牵动听众的心

演讲要想感染人，语言必须生动，能够流露出真实的感情，尤其是在说服性演讲中，要想让听众接受思想或观点，就要步步为营，妙语攻心。一个成功的演讲者，说话要抑扬顿挫，观点掷地有声，所以能够抓住听众的心理，激起听众内心的波澜。

那么，怎样才能让自己的话具有抑扬顿挫的效果呢？

1. 语速快慢相间

演讲的节奏和语速密切相关，语速有快有慢，快慢相间，变化有致，能给人一种变化的美感。如果总是保持一个语速，一个节奏，演讲的激情便不复存在，听众会觉得索然无味，自然不会接受其中的观点。语速快慢相间，要求演讲者在合适的时间使用合适的语速。

（1）正常语速。

当表达一些无关紧要的内容时，语速既不要太快，也不要太慢，维持在一个适当的速度即可。

（2）加速。

当表达兴奋、热烈、激动、愤怒的思想感情或对听众发出呼吁时，语速要适当加快，展现出滔滔不绝、势如破竹的气势；当内容达到精彩的高潮，或为制造结尾"戛然而止"的效果蓄势时，语速要陡然加快。不过要注意，加快语速并不是说要一口气说完，假如句子很长，一口气无法说完，喘不过气来反而影响演讲效果。

（3）减速。

需要减慢语速的情况有很多，如表达的内容涉及严肃的事情时，表达悲伤、怀念、失落、失望等情绪时，想引起听众注意时，故设疑问引人思考时，都要减慢语速，给听众留下思考时间。

2. 停顿得当

演讲时，适当停顿能够使听众对主题深入关注和思考，使演讲者的信息更加有效地传达。停顿还带有一定的悬念，能够提高听众的注意力，吸引听众继续听下去。

第十一章

演讲动心：妙语连珠，让你的"台风"掀起热潮

案例 84　乔布斯在发布会上发言，停顿片刻后为大家带来爆炸性话题

乔布斯拥有十分惊人的说话之道，能够赋予语言以生命。

2008 年 1 月，乔布斯在 Macworld 大会上说道："今天，我们将为大家推出第三类笔记本电脑。"

说到这里，他停顿了一会儿，然后接着说："它就是所谓的 MacBook Air 系列。"他又停顿了一下，然后抛出了震惊全场的关键性话题："它是世界上最薄的笔记本电脑。"

乔布斯站在舞台上，其声音充满激情，语言充满活力，带有一种十分强大的气场。他的话条理清晰，重点突出，语气、语调、节奏富有变化。那么，要想停顿得当，需要注意哪些方面呢？

（1）停顿的时机。

当演讲内容的语义出现变化时，停顿能够提醒听众注意。例如，演讲高手经常连续使用几个"但是"来提醒听众注意接下来的话。另外，强调中心思想的时候，演讲者也要停顿，如，当说完"这就是我今天演讲的目的"这句话后，就要停顿一下。

（2）停顿时间的长短。

一般来说，停顿时间最好控制在 10~30 秒之间，假如我们想要引起听众的深思，往往停顿 1 分钟的时间。停顿时间最好不要超过 1 分钟，否则听众的注意力会变得不集中，影响演讲效果。

3. 语调变化有致

语调是指说话时声音高低、轻重的变化。语调的变化不仅能体现出演讲者的情绪，还可以使声音变得多样化，从而更易使听众接受。

（1）语调高低的变化。

一般来说，高音为升调，即句子语调由低到高，句尾发音往往最高，通常用于疑问句；低音为降调，即句子语调由高到低，句尾发音往往最低，通常用于陈述句、感叹句和祈使句。

（2）语调轻重的变化。

为了突出某个意思，而将某些词语、句子甚至段落的音量加大。同时，由于表情达意和创造特殊表达效果的需要，有时又必须将话讲得轻一些，音量小一些。

语调的轻重要配合说话的内容，呼吁、号召的时候自然要提高音量，加重语气。

> **沟通技巧**
>
> 演讲要想获得成功，收获听众热烈的掌声，就必须生动精彩，在语言上占据听众的心智。演讲要生动，抑扬顿挫是必不可少的，在语调、语速和停顿上下功夫，抓住听众的心。

四、眼睛会说话，用目光与听众亲切交流

演讲中，目光交流非常重要，眼神能够传达出各种不同的感情，增强表达效果，加深听众对演讲内容的理解。我们应该两眼向下平视，与听众积极沟通，保持专注、亲切的目光，便于及时掌握听众的情绪反应。

我们的目光要自然、随意，不要一直停留在同一个地方，可以时而注视左边，时而向右边微笑，时而朝后边示意或点头，使全场每一个听众都感觉到是在和他自己说话，这就营造出一种极为亲切的交流氛围。

目光交流是人际交往中最传神的非语言交流，我们可以与每一位听众进行一对一的交流，及时了解听众对演讲内容的理解程度，同时鼓励听众提高注意力，积极聆听和互动。

不过，与听众目光交流时，我们与听众的目光接触不能过多或过少。目光接触太少，听众就会觉得我们对自己的发言没有信心；目光接触太多，又会使其产生压力。

与人进行目光交流主要有三种方式。

1. 凝视

凝视就是集中目光看对方。在不同的场合，凝视的区域也有所不同。在演讲场合，目光限于听众的前额到双眼之间的区域，使其感觉到我们的诚恳与认真；在社交场合，目光限于双眼到嘴的三角区域；如果关系非常亲密，目光限于双眼到胸之间的区域。

演讲时，凝视对方的时间一般在3秒左右，尽量不要超过5秒钟。我们可以选择某个人作为焦点，然后目光慢慢地从这个人转移到另一个人，在每人身上都停留3秒左右的时间。

凝视的针对性较强，所以目光含义要明确，并适可而止，避免与听众长时间眼神接触，否则会让被凝视的听众局促不安且冷落其他听众。

2. 环视

环视是指眼睛看向前，然后有目的地扫视一周。这种目光交流方式能够照顾到所有听众。环视听众也能更全面地了解听众的情绪反应，并据此调整说话内容、语调、节奏，从而掌握说话的主动权。

演讲最开始的时候，我们不要急着讲话，而是暂停一下，面带微笑地环视一周。运用这种方法可使全场听众产生亲近感。

3. 虚视

虚视就是似视非视，虚与实相交替，眼睛直接看向某一区域的听众，但实际上并未具体看着某个人。

与人交谈时，目光交流还要注意以下细节。

（1）要避免眼睛出现以下状态：不停地眨眼、眼神飘忽不定、怒目圆睁、目光呆滞、目光闪烁、逼视、斜视、瞟视、看天花板或墙壁、做出思考的样子。

（2）演讲开始前，演讲者需要先确定开口时机，如果主持人已经宣布开会，而有的听众仍然交头接耳，这时我们可以运用目光迅速控制会场气氛。与人交流时，只要我们的目光投向对方，他一般会感觉到，然后下意识地做出回应。鉴于此，我们可以通过眼神交流将那些窃窃私语，或将漫不经心的听众吸引到演讲主题上。

具体做法如下：开口前先放下手中的东西，看向听众并扫视一周，与场内三个区域内的至少三个人进行目光接触，最后将目光投向距离最远的第四个人时再开口演讲。此时，大多数听众已经感受到我们的目光，意识到演讲马上开始了。

> **沟通技巧**
>
> 目光交流是演讲中重要的辅助语言，对控制会场气氛、吸引听众注意力有着十分显著的效果。我们要熟练地与听众进行目光交流，综合运用凝视、虚视和环视等三种目光交流方式，便于营造亲切的演讲氛围，最终促成演讲成功。

五、懂得应变与控场，及时处理演讲中的意外状况

一般情况下，演讲位于一所大厅内，环境比较封闭，但在演讲过程中随时可能出现的意外情况会打断我们正在进行的演讲。不管我们讲得如何精彩，把现场的氛围渲染得

如何陶醉，意外情况发生时，这一切都被打破，现场一片尴尬。

面对突发状况，我们应该怎么做呢？

1. 主动适应

有时突发状况是暂时的，转瞬即逝，可能仅在当时有些尴尬而已。我们不要呆愣地站在那里不知所措，而应该主动适应这种变故，及时调整自己的状态，继续演讲。

例如，演讲中出现了错误，如果只是遗漏了个别字句，可能听众都没有注意到，没有必要刻意去纠正。如果讲完一段之后突然忘了下一段要说什么，可以直接换话题，或者随机应变，向听众提问题。

案例85　演讲卡壳不慌张，演讲者向听众提问活跃现场气氛

张卓在公司的年度大会上进行演讲。因为他准备充分，非常熟悉演讲内容，所以演讲开始特别顺利。但意料之外的事情发生了，张卓不知为何突然卡壳了。

幸好他随机应变的能力很强，很快调整好状态，暂停演讲，冷静地喝了一口水，清了清嗓子，对听众们说："我发现下面有人在小声议论，看来大家想要提问。在此我非常愿意倾听你们的意见，请大家多多指教。想发言的请举手。"

听众很快就举起手来，张卓开始与听众展开热烈讨论，演讲顺利完成了。

2. 幽默处理

有时我们使用的麦克风出了故障，不能出声，此刻不要慌张，尽量用幽默的语言缓和尴尬的气氛，然后大方地把出故障的麦克风递给工作人员调换。

3. 机智应对听众的提问

演讲时，有些听众会提出比较尖锐的问题，此时我们要从容应对。有些问题表面看特别棘手，但只要我们冷静思考，就一定能够想出巧妙应对的方法。我们可以以诚相待，也可以幽默地解嘲，但一定不要用压制或发火的方式，这会使我们陷入被动，有失风度。

案例86　如果失去阿里巴巴和淘宝会有何感受？马云做出机智应答

在一次公众演讲的提问环节，一位大学生问马云："你刚才说要把痛苦当快乐去欣赏，那假如有一天你把阿里巴巴和淘宝做没了，你会怎么办？"

马云从容应对说："这个问题现在说起来可能有点空和玄，但我在去年的公司会议上确实讲过。阿里巴巴和淘宝10年前从无到有，未来10年要从有做到无，这个'无'是什么概念？这个'无'叫作无处不在的概念。"

马云能够如此巧妙而从容地应对大学生的提问，在于他能把大学生所提的犀利问题连接到他过去为阿里巴巴所做的商业战略上去。因此，演讲时遇到棘手问题时，我们可以不必立即做出针对性的回答，而是像马云这样与过去谈论的类似观点进行连接，这会让我们更加从容，提炼的观点也会更令人信服。

4．应对冷场

有时演讲场上气氛不热烈，这让我们觉得有些尴尬，这时该怎么做呢？

（1）变化内容。

当发现听众对演讲的内容不是太感兴趣时，如果我们拥有即兴演讲能力，便可以放弃之前的内容，针对现场听众的需要即兴演讲。如果没有即兴演讲的能力，就要在原来内容的基础上增加一些听众感兴趣的内容。

（2）插科打诨。

不改变内容，但增加一些逗乐、调节气氛的言辞和举止，等到吸引听众的注意力之后再转回原有话题。

（3）减短内容。

只拣关键的内容讲，尽量不要讲那些客套话、应景话或人人皆知的大道理。

演讲能够体现一个人的全面素质，包括口才、学识、胆量、思维和应急处理能力等。我们要具备强大的心理素质和应变能力，在面对突发状况和冷场时，能够及时地转换思路，将演讲路线纠正过来，唯有如此才能使演讲圆满地结束。

> **沟通技巧**
>
> 演讲时出现的意外情况很多，如冷场、犀利的提问、忘词等，面对意外情况时我们不能慌张，而要以平静的心态处理，适当发挥自己的幽默才智，巧妙应对，使演讲继续下去。

六、用关键词串联，脱稿演讲其实并没有那么难

刚接触演讲的人一般都要背演讲稿，临上台演讲之前嘴里还念念有词，害怕忘记重要内容，但越如此就越紧张，演讲时更容易卡壳。

由于背诵演讲稿没有灵活性，也没有跟观众互动，其实跟读稿子没有什么区别。

一旦卡壳，演讲者无疑会经历一场噩梦，现场的效果将会变得很差，甚至会导致持续卡壳，越忘越多，使演讲被迫中途停止。

演讲稿准备得越详细，就越难以全部装在脑子里。准备得再充分，最后也许只能讲出一半，甚至更少。为了防止出现这种尴尬情况，应该尽量使用"关键词"表达方式。

"关键词"表达方式，就是指准备演讲稿时，把准备的内容按主题、梗概、段落等方面分别浓缩成一个个关键词，每个关键词与所需素材紧密相连。演讲者只需在演讲时把这些关键词展开成一段段的话，并配上关联的素材，就可以串成一篇演讲稿。

短时间内背下一篇演讲稿非常不容易，但在短时间内记住几个词语并非难事。除了易记以外，这种演讲方式可以根据现场听众的反应随时调整自己的内容，这样就不用担心忘词，演讲效果自然也会得到提升。根据现场情况随机应变，灵活运用，见招拆招，可以说是"心中无招胜有招"。

平时训练自己的关键词演讲法时，可以按照以下步骤进行。

（1）定下主题，根据主题选择3--4个关键词。

（2）设想关键词包含的大概内容，包括案例和理论。

（3）案例和理论也用关键词的方式记下来。

（4）关键词准备完后，进行3分钟的即兴演讲，慢慢锻炼自己脱离手稿，达到脱稿演讲的水平。

> **沟通技巧**
>
> 通过背演讲稿的方式进行演讲，不仅演讲没有感情和活力，而且演讲者还容易忘词，这些都会影响演讲的效果。学会关键词的表达方式，用关键词串联演讲内容，可以灵活处理演讲细节，达到无招胜有招的奇特效果。

七、做故事性陈述，完美应对临场演讲

临场演讲又叫即兴演讲，是指演讲者在事先没有充分准备的情况下当场演讲。对很多人来说，即便是上台前经过精心准备，演讲也不是一件容易的事情，常常紧张到忘词，那临场演讲的难度就更高了。很多人光是站在讲台上，看着底下的人群就会脑子一片空白，说起话来前言不搭后语。

有人说，直接厚着脸皮说不就行了吗？演讲都是有一定主题的，如果随便说，不就等于砸场了吗？

其实，临场演讲有一个非常简单的应对办法，那就是故事性陈述。故事性陈述分为用故事带大纲、说故事加感想和贴标签存故事等三个层次。

1. 用故事带大纲

一个完整的故事包含了环环相扣的故事情节，不用背诵就能很自然地记住主要内容。我们不妨把演讲内容编成一段有趣的故事，用故事引导大纲，能有效减少忘词的现象。

2. 说故事加感想

故事性陈述的一般结构是：提出观点—讲述相关的故事—谈论自己的感受—结尾。只要熟练这种结构就不容易忘词，而且内容也比长篇大论的演讲更有趣。

现在我们不妨设想一下，我们正在台下做听众，朋友邀请我们做一个与"诚信"有关的演讲，聊聊我们的感想，这时该怎么做？

这时，我们完全可以采用说故事加感想的方式。

"非常感谢我的朋友给我这个机会做一次演讲。说到诚信，我认为它是非常重要的为人处世之道，因为良好的人际关系不能缺乏信任。在我们很小的时候学习过的一则寓言故事就很好地说明了这个道理。

"有一个放羊娃每天都到山上放羊，有一次觉得无聊，便撒谎喊起来：'来人啊！来人啊！狼来了！'农夫们听到后急忙拿起锄头来帮放羊娃赶狼。结果来到山上后发现并没有狼，放羊娃却在哈哈大笑：'太有意思了，你们上当了！'第二天，放羊娃又骗了农夫们一次。结果第三天狼真的来了，放羊娃哭喊着求救，这下农夫们不再相信放羊娃了，没有过来帮忙，狼把很多羊咬死了。

"想必大家已经知道了，没错，这就是著名的故事《狼来了》。通过这个故事我们可以看出，欺骗他人、缺失诚信，人与人之间的信任感全无，最终会酿成大祸。"

这样的演讲是不是非常轻松？这就像和听众朋友聊天一样，绝对不会忘词。因为这就是一个熟悉得不能再熟悉的小故事加上几句感想而已。

3. 贴标签存故事

为了应对各种临时演讲场合，平时我们应该多留心那些有用的故事。不过记住太多的故事也不简单，而用一个故事对应很多主题则是一个非常讨巧的办法。例如，《狼来了》的寓言故事，不仅可以应用在"诚信"的演讲中，还可以在谈论"善良"的场合中使用，甚至在谈到"权衡事情轻重"时也可以套用。为一个简单的寓言故事贴上对应的主题标签，能很好地发散思维。

> **沟通技巧**
>
> 当我们不得不进行临场演讲时，内心的紧张程度可想而知。不过，只要我们平时多记下一些小故事，为这些故事多增加一些主题标签，灵活运用到演讲中，不仅可以增加演讲的趣味性，还能突显自身的思维发散能力。

八、别丢了演讲结尾，余音绕梁才能让人永久回味

演讲需要有一个好的开场白，同时也需要一个精彩的结尾。即使演讲结尾不能画龙点睛，也不要画蛇添足，如果演讲成为虎头蛇尾之作，听众的耐心和好感会很快消失殆尽。

案例 87 嘉宾在产品发布会上侃侃而谈，因话太多几乎没有收到掌声

在某公司的新产品发布会上，主持人邀请作为嘉宾的张玄为大家讲话。讲话中，张玄对该公司的研发能力和新产品线给予了极大的赞扬和肯定，然后他稍微停顿了一下。台下的听众以为他马上就要讲完了，都开始鼓掌了。可是，张玄却对大家说道："前面的话我讲完了，下面我想再多说几句……"

第十一章

演讲动心：妙语连珠，让你的"台风"掀起热潮

张玄继续在台上侃侃而谈，可他的话并没有得到听众的认可。听众很快就开始显露出不耐烦的表情。人们耐着性子听完了张玄的讲话，但掌声稀稀拉拉，一点儿也不热烈。

其实张玄完全可以换一种方式收尾："我的话讲完了，衷心感谢主持人邀请我发言，占用了大家的宝贵时间，谢谢！"

演讲的结尾一定要简洁明快，不能说一大堆客套谦虚的话，这样只会让听众反感。精彩的结束语是非常重要的。结束语说得精彩，是对演讲的锦上添花。

演讲收尾可以采用几种方式。

1. 简洁精炼地总结

人的注意力是有限的，所以有的听众听演讲时会走神，错过重要观点。当我们在结尾处简洁精炼地概括时，那些漏听重点的听众此时也可以了解演讲的核心内容。

这种演讲结尾突出重点，言简意赅，能够有效吸引听众的注意力，促使听众热烈鼓掌，使演讲在热烈的氛围中圆满结束。

"我在这次演讲中说了很多的话，引用的事例很多，但表达的只有一个意思，这个意思用一个字就能表达，那就是'爱'！我们都要心中有爱，这样才能融化社会上的坚冰！"

2. 使用呼吁式语言

这种演讲结尾拥有很强的震撼力，听众容易为之感动，并响应号召做出积极的行动。

"朋友们，感谢大家倾听我的演讲，在演讲的最后时刻，我呼吁大家积极关注气候变暖现象，拿出自己的行动来，让我们共同为保护地球环境贡献力量！"

3. 出人意料式结尾

出人意料式的结尾具有很强的戏剧性，容易给听众留下深刻的印象。

案例 88 著名作家老舍用幽默语言结束演讲，听众欢快鼓掌

我国著名作家老舍先生是一个十分幽默的人。他在某次演讲中，开头对听众说："我今天给大家谈六个问题"，接着，他分别有条不紊地阐述了前五个问题，等谈完第五个问题时，他发现离散会的时间不多了，于是提高嗓门，一本正经地说："第六，散会。"

听众刚开始还愣了一下，不久就欢快地鼓起掌来。

老舍在这里运用的就是一种"平地起波澜"的造势艺术，打破了正常的演讲结

构，从而出乎听众的意料，获得了幽默的效果。

4. 用道具或行为幽默全场

如果我们手中有演讲道具，可以利用道具或者自己做出某种有趣的行为，并与演讲内容产生联系，从而使演讲内容变得更活泼，更深入人心，使听众在愉悦的氛围中离场。相反，那些啰唆或者草草了事的结束语就不会得到听众的认可。

一个成功的演讲者必须从头到尾、细心处理演讲过程中的细节，不可虎头蛇尾，让整场努力白费。

> **沟通技巧**
>
> 演讲结尾也属于演讲的一部分，同样不能忽视。结尾处给听众留下深刻印象，才能使自己的观点有更深的影响力。即使演讲结束，但余音绕梁，令听众久久回味，我们的目的就达到了。

第十二章

谈判攻心：攻守有道，天下没有谈不成的事

掌握自己的谈判筹码，说出自己的谈判条件，想方设法占据主动权，这一切是为了获取利益。不过，谈判不仅是双方实力的较量，也是智慧的较量，要学会灵活应对。然而，很多时候谈判双方也是利益共同体，共赢才是谈判王道，只要坚持这一原则，即使出现僵局也是暂时的，最后达成一致是"共"望所归。

一、主动权不可或缺，步步为营才能占据更多主动

谈判是实力的交锋、语言的较量，只有掌握主动权，才能稳妥地获得自己的利益。假如我们遇到的对手比较难缠，谈判的议题较少，而各项议题的谈判都比较困难，这时我们可以使用步步为营策略。

步步为营策略是指谈判者在谈判过程中步步设防，试探着前进，不断巩固阵地，不动声色地推行自己的方案，在对方难以察觉的情况下，用自己的微小让步不断夺取更大的利益。

使用该策略时我们应小心谨慎，千万不要急躁冒进，而且应做到言行一致，有理有据。例如，先商谈订货数量、产品规格、型号、质量标准等议题，待双方意见达成一致后再洽谈产品价格，之后再商谈付款方式、交货时间等议题，在每个具体议题上都取得了成果，也就完成了总的洽谈任务。

案例89　采购员以购买数量多为由砍价，制造商因可以成交忍痛降价

某公司采购部门派出一名员工前往某制造公司谈判，打算订购一批机器。下面是双方的对话。

采购员："您这种机器要价5万元一台，可我之前见过同样的机器，标价才3万元，您的价格是不是有点高了？"

制造商："我们的机器在质量上更好一点，不过，如果您打算购买，我们可以打个折扣。"

采购员："什么折扣？如果我是批量购买，一次买35台，您会给多少折扣？"

制造商："我们每台会给您6000元的折扣。"

采购员："我们现在资金紧张，是不是可以先买20台，3个月后再买15台？"

（制造商犹豫了一会儿，因为只买20台折扣不应该这么高，但他想到最近几个星期销售状况不是很理想，还是答应了）

第十二章
谈判攻心：攻守有道，天下没有谈不成的事

制造商："嗯，好吧。"

采购员："那么您的意思是以每台 4.4 万元的价格卖给我们 20 台机器？"

（制造商点点头）

采购员："干吗要 4.4 万元呢？凑个整儿，4 万元一台，计算起来也省事，干脆利落，我们马上成交。"

（制造商见采购员又压价了，本来想反驳，但是考虑到降价可以成交，他还是答应了）

采购员的策略生效了，他把价格从 5 万元一直压到 4 万元。

采购员并没有一开始就要求制造商以 4 万元的价格出售产品，而是先索要折扣，试探一下制造商的底线，再通过进一步打压获得更多利益。

因此，当我们想要通过谈判获取自己的利益时，不要妄图一口气把事情办成，心态要稳，步步为营，稳扎稳打。只要能让对方让步，哪怕是一个微小的让步，就相当于撕开了对方的防御，我们可以继续获得更多的利益。这个方法还有一个形象的说法——蚕食策略。

蚕食策略之所以能够奏效，主要是因为对方认为稍微让一小步也未尝不可，于是接连让步，尽管每一次让步都非常小，但积累下来，我们获得的利益是不可估量的。

> **沟通技巧**
>
> 面对强大的对手时，我们不要害怕，稳扎稳打，步步为营，切忌产生"一口吃一个胖子"的想法。通过蚕食策略，不断撕开对方的防御线，我们可以获得越来越多的利益。

二、共赢才是王道，攫取一切只会"俱损"

虽然谈判的目的是获取利益，但想让对方输光丢尽也是不切实际的。对方谈判的目的也是为了获得利益，怎么可能接受让自己损失惨重的结果？如果这样的话，也就没有谈判的必要了。如果对方一点好处也没得到，也就没有理由和我们继续谈判，而是选择退出或者与其他人谈判，一旦对方退出，我们的谈判目标也就落空了。

因此，我们不能忽视对方的需求和利益。谈判不是彻底击败对方，而是处理好"取"与"给"的平衡，在争取自己利益的同时，满足对方的某些需求，从而实现共赢。

沟通心理学
为何你说话别人总不爱听

案例 90　商务代表用共同利益打动合作伙伴，使其降低产品售价

刘晗是某公司的商务代表。一次，他按照领导的安排去和另一家公司的商务代表洽谈业务。由于受到全球金融危机的影响，经济普遍都不景气，刘晗所在的公司自然也受到了很大的影响。

刘晗找了一个合适的时间请对方吃饭，两人一边吃饭一边讨论某种商品的售价。对方公司为了增加企业效益，将这种商品的售价提高了4%，这让整个订单的成本增加了上百万元。刘晗与对方讨论了半天，对方仍然不同意降价。

见对方如此固执，刘晗说："这么多年以来，我们一直是合作伙伴，所以相互之间也算了解。你们应该也知道我们公司现在的情况，如果条件允许，我们一定会接受你们的要求，可按目前的成本价来说，我们实在是负担不起，否则肯定会破产。现在我们都同处于金融危机的浪潮中，作为一条船上的人，难道你们真的愿意看见我们破产吗？如果我们破产了，作为我们的合作伙伴，难道你们就不会受到影响吗？"

对方听到这里，神色迟疑，刘晗看到自己的话有了效果，就紧接着说："咱们已经合作了这么多年，到现在更应该相互体谅，相互扶持，希望我们能够继续合作，共渡难关！"

刘晗充满激情地说完这些话以后，对方觉得他分析得有道理，出于自身长远利益的考虑，最终做了让步，只将该商品的售价提高了1%。

对方为了获得更多的利益，原本是不打算妥协的，但刘晗对其晓以利害，使其意识到压低商品售价对自己的有利方面，这才做出让步。

谈判时，想要完全压制对方，独占利益是不现实的，最好的结果是对双方都有利。在互惠互利的情况下，谈判更容易达成，双方也容易建立长久的合作关系。

谈判的目的是共赢，而共赢的真正内涵则是各取所需，互不冲突。优秀的谈判者不会一味固守立场，寸步不让，而是与对方充分交流，从双方的最大利益出发，提出各种解决方案，用相对较小的让步换得最大的利益。在满足双方最大利益的基础上，如果还存在达成协议的障碍，那么就不妨站在对方的立场上，替对方着想，帮助扫清达成协议的一切障碍，这样最终的协议是不难达成的。

> **沟通技巧**
>
> 我们和谈判对手其实是利益的共同体，一旦对方因为无法获得利益而退出谈判，我们其实也遭受了损失。因此，我们应该秉持共赢的心态与对方谈判，从双方的最大利益出发，与对方商谈最佳方案，使双方都对谈判结果满意。

三、改变策略，别在僵局的路上走到黑

谈判本身是双方利益的分配，是双方的讨价还价，一旦双方意见出现分歧，僵局的出现也就不可避免，从而影响谈判协议的达成。因此，我们必须慎重对待并认真处理。掌握处理谈判僵局的策略与技巧，才能掌握主动权，为谈判协议的签订铺平道路。

处理谈判僵局的策略主要有以下几种。

1. 用语言鼓励对方

对于牵涉多项讨论议题的谈判，当进行到后期时，一旦出现僵局，可以用话语鼓励对方："我们已经解决了很多问题，现在就剩这一点了。如果不解决的话，岂不太可惜了吗？"这种说法看似很平常，实际上却能鼓动人心，作用很大。

例如，某次谈判包含六项议题，其中有四项重要议题，两项次要议题。而且在这四项重要议题中已有三项达成一致，只剩下一项重要议题和两项次要议题没有谈妥。针对这样的僵局，我们可以这样告诉对方："我们总共有四个重要议题，现在已经解决了三个了，如果剩下的一个也能一并解决的话，另外两个次要议题就好办了。我们继续商议一下，争取解决最后一个重要议题。如果就这样放弃了，咱们前面的精力就都白费了，这不是太遗憾了吗？"听完这些话，对方一般会同意继续谈判，也就化解了僵局。

除了以上方法，还可以叙叙旧情，强调双方的共同点，回顾双方以往的合作，强调和突出彼此的利益关联，这样就能削弱彼此的对立情绪，从而达到打破谈判僵局的目的。

2. 转移话题

当在某项议题上陷入僵局时，双方的情绪均处于低潮，这时我们要转移话题，先洽谈其他议题，而不是盯住一个议题不放，不谈妥誓不罢休。当其他议题达成一

致后，再回来洽谈陷入僵局的议题，会比以前容易很多。

例如，价格谈判方面出现僵局，我们可以先将其暂时搁置一旁，改谈交货期、付款方式等其他议题。如果在这些议题上对方感到满意了，再重新回过头来讨论价格问题，我们遇到的阻力就会小很多，也会增加商量的余地，从而弥合分歧，促使谈判出现新的转机。

3. 更换方案

俗话说得好，"条条大路通罗马"，这句话在商务谈判中同样适用。谈判中一般存在多种满足双方利益的方案，但很多谈判人员总是"一根筋"地采用某一种方案，而当这种方案无法获得对方认可时，僵局也就形成了。

商务谈判出现僵局时，如果我们能够创造性地提出可供选择的替代方案，就掌握了谈判的主动权。当然，替代方案一定要有效地维护自身的利益，并兼顾对方的利益要求。因此，在谈判准备时期，我们就应该构思更多对双方有利的方案。

4. 休会策略

有很多谈判持续的时间很长，谈判人员肯定需要休息，所以休会在谈判过程中很常见。但休会不仅是谈判人员为了恢复体力和精力的一种生理需求，而且是谈判人员调节情绪、控制谈判过程、缓和谈判气氛、融洽双方关系的一种策略与技巧。

在谈判中，双方因为观点不同而存在分歧的情况很常见，如果双方各持己见，互不妥协，谈判僵局持续时间太久会导致谈判无法继续下去。这时，即使双方还想要继续谈判，但因双方都沉浸在紧张气氛中，所以徒劳无益，甚至适得其反。

此时休会不仅双方可以找到时间进行思索，平复情绪，还可以在此时客观地分析形势，与其他谈判成员统一认识，商量对策，从而在休息结束之后以更饱满的精力和更充分的准备迎接后面的谈判。

> **沟通技巧**
>
> 谈判出现僵局时，我们不要固执己见，坚持自己的方案不放松。这时要改变策略，审时度势，减少对方的对立情绪，从而移除谈判过程中的障碍，获得谈判的成功。

四、声东击西，用次要问题转移对手注意力

为了在谈判时给自己争取更多的利益，我们要运用一些心理策略，其中声东击西是许多谈判者惯用的心理技巧。

第十二章
谈判攻心：攻守有道，天下没有谈不成的事

声东击西策略是指一方为达到谈判目的，故作声势地将洽谈的议题引导至次要问题上，使对方产生错觉。这种策略具有很强的灵活性，使用假的目标、假的行动迷惑对手，试探对方的底牌，等到时机成熟时便显露出自己的真实目的，而此时对手已经难以扭转局面。

案例91　买方佯称收货时间紧急，以此诱导卖方降价并支付运费

张志贤是一家外贸公司的老板，经过他的细心经营，公司发展得越来越好，业务不断增多。最近这几年，张志贤一直想和欧洲的一个进口商展开业务合作。为了达到目的，他在两年时间内一直给对方公司打电话，阐述合作意愿，但对方似乎并不打算更换供应商。

不过，坚持终于换来了回报，对方的采购员说，只要答应他们公司在75天内交货，就可以给他一个大订单。

这份订单来之不易，张志贤不想错过，但交货时间一般在90天以内，在75天内交货比较困难。张志贤立刻向工厂询问了意见，工厂方面十分肯定地告诉他，至少需要90天时间，提前一天都不行，哪怕丢了这个订单也无可奈何。

于是，张志贤只好硬着头皮继续和客户展开谈判。他对客户说："第一个集装箱的货款是30万美元，我们最快的交货时间也要等到收取贵公司定金后的90天。"

对方采购员坚持要求在75天内收到第一批货，否则会影响接下来的工程项目。张志贤和对方的谈判似乎陷入了死胡同，双方始终没有达成一致。

最后，对方公司的采购员说："您等一下，我需要和物流部门商讨一下，看他们如何解决这个问题。"

此时张志贤十分紧张，害怕谈判破裂，他的脑子里一直闪现着失去这笔订单的结果。

177

沟通心理学
为何你说话别人总不爱听

第二天晚上，对方终于发来消息："经过和物流部门的协商，我们终于找到了一个解决办法，但还需要贵公司的帮助。我们的制造厂在西班牙，到时候我们可以把贵公司运来的货物从码头仓库直接快运到那里。这样一来我们就可以赶上工期，但这样做就会增加运费，所以希望贵公司能够稍微降低一些价格，并帮我们承担多出来的运费。"

张志贤很高兴能够实现这次交易，便没有多加考虑，同意了对方的要求，双方达成交易，而张志贤总算可以松一口气了。

不过，他高兴了没有几个月，后来他和某位同行好友在一起聊天时得知，好友和那家进口商曾经有过合作，当听完张志贤讲述的详细经过之后，朋友告诉他："你被骗了，那家公司规模非常大，凡是重大的工程项目，他们总是会留出富余的时间，不可能急需供应商在75天内交货。"

张志贤这才明白过来，其实送货时间根本不是问题，对方的公司完全可以等待90天，而他们之所以说时间紧急，只是为了让张志贤降价并支付运费。

运用声东击西策略时，我们可以和对方在某些议题上形成所谓的僵局，然后刻意地做出让步，转移其注意力，迫使对方在另一些方面做出让步。例如，我们明知对方不能缩短交货期，却举出种种理由要求必须缩短交货期，否则会吃大亏。如果对方认可了我们的理由，当我们同意不缩短交货期时，就可以迫使对方在价格、运输和包装等条件上做出让步。其实，我们的真正目的就是想通过交货期的协商来改善其他交易条件。

声东击西策略的核心是将对方的注意力引到我们并不太感兴趣的方面，只要熟练运用这种心理策略，对方很难反攻，它可以成为影响谈判的关键因素，而不必冒重大的风险。

谈判过程中，我们不仅要学会运用声东击西策略，同时也要辨别对手是否使用了声东击西策略。首先，要留意对方的真实意图，尤其当对方提出的条件和要求不同寻常时，最好请其解释清楚原因。如果对方无法合理解释，就可以向领导请示，然后趁机弄明白对方的真实意图。

> **沟通技巧**
>
> 声东击西策略其实和互惠原理有所关联，那就是双方互相做出让步。不过，这种策略高明之处在于，我们所坚持的要求并不是真实的，当我们在这一方面做出让步后，我们会要求对方在某些重要方面让步，从而达到自己的目的。

五、自我防卫，别让对方探到自己的底细

要想在谈判中占据优势地位，就要想方设法地知晓对方的底细。可以这样说，谈判不仅是谈产品，谈价格，也是谈人。只要我们能够了解到对方的底细，就很容易掌握谈判的主动权。

因此，正式谈判之前，首先我们要搜集对方的信息，了解对方所代表的公司的背景；其次，要了解对方的性格，尤其是要调查对方的经历，以便于找到对方的性格弱点，使其处于被动。

当然，并不是每个人都拥有丰富的谈判经验，如果自己阅历不深，经验不足，我们不仅要主动了解对方，还要自我保护，尽量避免对方探测到自己的底线。

案例 92　松下幸之助由于缺乏经验，把自己底细和盘托出而导致谈判吃亏

松下幸之助是日本松下电器公司的创始人，他在刚踏入商海时曾经和一家公司进行合作谈判。当他第一次到东京与批发商洽谈时，批发商刚一见面就非常友善地寒暄道："我们是第一次打交道吧？以前好像没见过您。"

其实，批发商想通过寒暄来探测松下幸之助在生意场上是不是老手。由于松下幸之助当时没有经验，便恭敬地回答道："初来乍到，懂得不多，还请多多关照！"批发商通过这句话获得了一个重要信息：原来对方是一个新手。于是，批发商接着问道："你的产品售价多少？"

松下幸之助又老老实实地告诉批发商："我的产品每件成本是300日元，售价为每件420日元。"

批发商已经将松下幸之助了解得非常透彻，他知道松下幸之助在东京人地两生，而且急于打开产品销路，于是趁机杀价，说："你第一次来东京做生意，尚未打开销路，在刚开始应该卖得便宜一些，以后再考虑利润，我们是第一次合作，你的产品质量有无问题还需要验证，我们可以试销，如果反馈很好，我们会继续合作，所以每件300日元成交怎么样？"

最终，没有经验的松下幸之助在这次谈判中吃了大亏。

松下幸之助之所以在谈判中吃了亏，就是因为批发商通过一句无关紧要的寒暄探测到了他的底细，在谈判中赢得了主动权。而松下幸之助由于缺乏警惕性和经验，最终使自己处于被动。

为了防止对方知道我们的底细，谈判时我们要特别注意以下几点。

（1）避免说话或举止轻浮。高明的谈判者从一个人的言谈举止就能够看出其水平。如果我们举止轻浮，喜欢锋芒毕露，或者没有端正的态度，对方就会觉得我们

缺乏谈判经验，便会在谈判中加强攻势，逐渐占据主动。

（2）避免说话紧张。许多性格内向的谈判者，尤其是缺乏经验的新人，他们在谈判之处受谈判氛围的影响，心里不由自主地感到紧张，常常会手足无措，无话可说，暴露了自己没有经验的短处，从而让对方抓住机会展开进攻，使其掌握了谈判的主动权。

> **沟通技巧**
>
> 为了防止对方知晓我们的底细，即使我们经验不足，也要尽量放松神色，避免举止言谈锋芒毕露，要给对方一种神秘感，使其慑服于我们的气场。

六、发出最后通牒，不要再让对方拖延时间

最后通牒是指谈判破裂前最后的话，一般为某一方对另一方提出某项条件或绝对要求，对方必须答应，否则就会导致谈判破裂。

当谈判双方无法达成一致意见，且对方摆出一副拉锯战姿态时，对谈判是非常不利的。这时，我们要学会下最后通牒，以占据主动地位。

之所以下发最后通牒对我们有利，是因为最后期限到来时人们会迫于压力改变已有主张，以便尽快解决问题。这时我们处于主动地位，对方处于被动地位，很容易屈服让步。

不过，要运用好最后通牒策略，必须要掌握以下技巧。

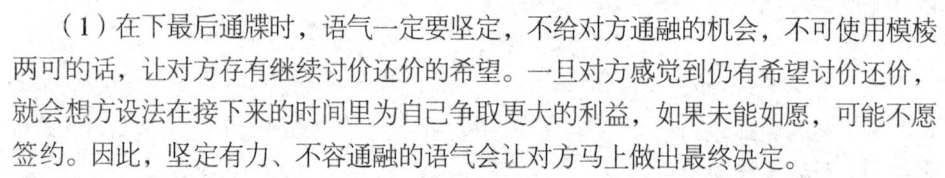

（1）在下最后通牒时，语气一定要坚定，不给对方通融的机会，不可使用模棱两可的话，让对方存有继续讨价还价的希望。一旦对方感觉到仍有希望讨价还价，就会想方设法在接下来的时间里为自己争取更大的利益，如果未能如愿，可能不愿签约。因此，坚定有力、不容通融的语气会让对方马上做出最终决定。

（2）在下最后通牒时，所提出的时间限制一定要明确、具体。不能说"明天上午"或"后天下午"这种时间范围过大的话，而是要说"明天上午8点"或"后天下午2点"等更具体、明确的时间，这样对方就不会再有借口拖延时间。

第十二章
谈判攻心：攻守有道，天下没有谈不成的事

我们可以试着比较以下两种最后通牒的效果。

"我觉得没有必要再继续讨论下去了，对于我们提出的条件，如果你们不能依此进行协定的话，我们只好和其他公司签订协议了。"

"今天必须做出决定，对于我们提出的条件，请你们慎重考虑，晚上8点之前给我们答复，否则我们将和其他公司达成协议。"

显而易见，第二种说法的语气更坚定，而且时间具体，能够给对方更紧迫的压力，使其几乎没有喘息的机会。

（3）做好行动准备，用具体的行动向对方施压。当最后期限即将来临时，应该付诸行动来印证所提出的最后期限，让对方确信无疑，倍感压力，如收拾行囊、向酒店结算、预订车船机票、购买土特产等。如果我们毫无行动，对方可能会觉得我们是在虚张声势，最后通牒也会变得毫无意义。

（4）由谈判队伍中的领导发出最后通牒会更具威力，因为人们普遍受到权威效应的影响，级别越高的人说出的话就越有分量。

（5）运用最后通牒策略时，最好能够出其不意。如果对方有了准备，特别是已经做好了最坏的打算，这种策略的威力就会大打折扣。

案例93 沃尔玛向可口可乐公司发出最后通牒，成功使其改变配送方式

美国沃尔玛公司曾在2006年6月9日发出一则通知，该通知明确要求可口可乐公司将其生产的运动饮料配送至沃尔玛的配送中心，然后沃尔玛再通过自家的配送中心向各分店送货。作为互换条件，沃尔玛会增加一倍的运动饮料订单，不然拒不接收可口可乐的运动饮料，而是生产售卖自己的运动饮料。

毫无疑问，这则通知是沃尔玛对可口可乐公司发出的最后通牒。沃尔玛之所以有底气做出如此行动，是因为沃尔玛作为一家世界性连锁企业，与可口可乐谈判时更强势。

至于沃尔玛做出这种要求的原因，是因为可口可乐的配送流程难以及时、有效地补充分店货源，而且可口可乐公司在产品推介上花费的时间过长。为了使可口可乐公司接受该条件的可能性更高，沃尔玛便提出了增加运动饮料订单的条件。

对可口可乐公司来说，它是不愿失去沃尔玛这一巨大的经销商的，鉴于此，迎合沃尔玛的要求，改变配送方式就合理得多，而且成本并不大，况且沃尔玛给予了增加订单的好处，所以沃尔玛发出最后通牒后，可口可乐公司几乎没有对抗便接受了沃尔玛的要求，改变了配送方式。

可以说，沃尔玛使用最后通牒策略获得了成功。

最后通牒不是常规的谈判方式，往往在不得已的情况下才会使用，因为最后通牒策略是一把双刃剑，可能带来成功，也可能带来失败。如果成功，对方将会让步，我们可能会获取巨大的利益；如果失败，与对方的关系将会急剧恶化，丧失继续合作或扩大市场的机会。因此，使用这一策略之前一定要考虑成熟，且要掌握语言分寸，不可言过其实。

我们要始终把自己摆在一个坚定而又温和的谈判务实主义者的地位，抓住对方的成交心理，使其产生心理压力，又不贪得无厌，做到适当让步；坚持用客观条件说服对方，使其心悦诚服；不要趾高气扬，以势压人。

此外，最后通牒的使用也要根据对手的情况而定，如果对方本身就是个慢性子，那么这一招也许对其没有多大成效。我们也要学会把握时机，选择在对方陷入退无可退的境地时使用，那时对方就只能接受我们的要求了。